O JOGO INVISÍVEL DAS DECISÕES

Caro(a) leitor(a),
Queremos saber sua opinião
sobre nossos livros.
Após a leitura, siga-nos no
linkedin.com/company/editora-gente,
no TikTok **@editoragente**
e no Instagram **@editoragente**,
e visite-nos no site
www.editoragente.com.br.
Cadastre-se e contribua com
sugestões, críticas ou elogios.

IRACI BOHRER

PREFÁCIO DE **LUIZA HELENA TRAJANO**

O JOGO INVISÍVEL DAS DECISÕES

Como a leitura comportamental ajuda líderes a formarem times de resultados e fecharem negócios

Gente editora

Diretora
Rosely Boschini

Diretora Editorial
Joyce Moysés

Editora
Juliana Fortunato

Assistente Editorial
Camila Gabarrão

Produção Gráfica
Leandro Kulaif

Preparação
Debora Capella

Capa
Thiago de Barros

Projeto Gráfico
Marcia Nickel
Joyce Matos

Diagramação
Joyce Matos

Revisão
Andresa Vidal

Impressão
Grafilar

R. Dep. Lacerda Franco, 300 – Pinheiros
São Paulo, SP – CEP 05418-000
Telefone: (11) 3670-2500
Site: www.editoragente.com.br
E-mail: gente@editoragente.com.br

Este livro foi impresso em papel lux cream 70 g/m² em outubro de 2025.

Dados Internacionais de Catalogação na Publicação (CIP)
Angélica Ilacqua CRB-8/7057

Bohrer, Iraci

O jogo invisível das decisões: como a leitura comportamental ajuda líderes a formarem times de resultados e fecharem negócios / Iraci Bohrer. - São Paulo: Editora Gente, 2025.
176 p.

ISBN 978-65-5544-657-9

1. Desenvolvimento profissional 2. Liderança I. Título

25-3767 CDD 658.1

Índices para catálogo sistemático:
1. Desenvolvimento profissional

NOTA DA PUBLISHER

Há decisões que moldam o destino de uma empresa. E quem é mais importante para o funcionamento de um negócio do que as pessoas que fazem parte dela? Saber quem, como e quando contratar, promover, reter ou desligar colaboradores são decisões que têm um peso especial e podem impulsionar um negócio a patamares extraordinários ou gerar prejuízos difíceis de reverter. O desafio mora na capacidade de enxergar os sinais mais sutis, de perceber as pessoas através do que não é dito e notar o que escapa aos currículos e às conversas formais. Mas são poucos os que sabem verdadeiramente percebê-los.

Foi para eliminar esse ponto cego das organizações que Iraci Bohrer, reconhecida como a única brasileira especializada em linguagem corporal aplicada ao processo seletivo, escreveu esta obra. Ela oferece um caminho claro para que líderes e empreendedores consigam tomar decisões mais conscientes, humanas e estratégicas sobre pessoas em qualquer contexto: da contratação à negociação com fornecedores, da retenção de talentos ao encerramento de ciclos. O que ela propõe neste livro é uma transformação profunda não apenas nos processos do seu negócio, mas também na sua postura como líder, convidando a sair do lugar do empresário que "faz tudo" e assumir o papel do gestor de talentos que constrói equipes de alta performance, alinhadas aos valores e propósitos da empresa.

Conheci a Iraci quando o olhar afiado dela já era um diferencial no mercado. Com mais de duas décadas à frente de processos seletivos e desenvolvimento de líderes, ela dominou técnicas de recrutamento e se aprofundou na leitura da linguagem corporal, integrando sensibilidade e precisão na atuação com recursos humanos. Esse mesmo trabalho já ajudou inúmeros líderes a enxergar sinais silenciosos que antecipam conflitos, revelam potenciais ocultos e indicam, com clareza, o melhor caminho a seguir. É essa combinação de experiência prática, método sólido e compromisso genuíno com resultados sustentáveis que ela entrega neste livro.

Ao mergulhar nestas páginas, você vai aprender a identificar sinais de insatisfação ou de potencial desperdiçado antes que eles comprometam o seu time, a usar a leitura não verbal para validar (ou questionar) as suas impressões e a tomar decisões com mais segurança, rapidez e consciência. Você sairá desta leitura com um olhar mais apurado para a dimensão humana do seu negócio e, consequentemente, um olhar mais apurado também para os resultados. Aceite meu convite e se permita transformar a maneira como decide sobre pessoas e descubra o poder de enxergar além das palavras.

ROSELY BOSCHINI
CEO e Publisher da Editora Gente

Este livro é para quem escolhe olhar além do óbvio
e deseja aprender a decidir melhor sobre pessoas.

Que estas ideias sejam sementes de transformação
na sua vida, no seu time e na sua empresa.

AGRADECIMENTOS

Antes de entregar estas páginas ao mundo, celebro o que me trouxe até aqui: a fé que me sustentou, o amor que me inspirou e a coragem que me fez seguir. Este livro é meu, assim como de todos que caminharam comigo.

A Deus, agradeço pela força invisível que me sustenta em cada passo e pelo dom da inquietude, que me move como uma chama, lembrando-me sempre de que é possível ir além do que parece.

Aos meus pais, que me deram raízes e asas. Os valores que vocês plantaram em mim são o chão seguro que me permite voar.

À Rosely Boschini, que acreditou no poder desta obra quando ainda era só um sonho. A todo o time da Editora Gente, por conduzir este processo com tanto carinho, clareza e presença. Sei que grandes voos ainda faremos juntos.

Ao Eduardo Shinyashiki, que me ajudou a enxergar o que está além das palavras e a transformar escolhas em caminhos de luz.

Ao Arthur Rufino, pelo incentivo generoso e pela clareza que iluminaram momentos decisivos.

À Juliana Fortunato, minha editora, por ser a calma nos meus dias de ansiedade, firme quando a dúvida me assombrava e tão humana em cada detalhe.

A mis amigos de Madrid, gracias de corazón. Foi nessa cidade inspiradora que encontrei não apenas cenário, mas também serenidade e faíscas de criatividade que deram vida a estas páginas.

Aos amigos de alma e aos mentores que cruzaram a minha estrada, por cada escuta atenta, cada conselho certeiro e cada desafio que me fez crescer. Vocês transformaram incertezas em coragem.

E, com amor especial, aos clientes que me acompanham há tantos anos no Grupo Crescer RH: vocês são o lembrete diário de que esse propósito é real e transformador. Decidir bem sobre pessoas não muda apenas equipes ou empresas; muda destinos.

SUMÁRIO

PREFÁCIO

Empresas são feitas de estratégias, processos, produtos e tecnologias, mas nenhuma dessas dimensões ganha vida sem aquilo que está na base de todo negócio: as pessoas. Decidir sobre elas é uma das tarefas mais complexas e determinantes de qualquer liderança. Não se trata apenas de uma escolha técnica, mas também de um ato estratégico, cultural e, acima de tudo, humano.

O grande desafio é que, hoje, as ferramentas tradicionais não são suficientes para revelar o que realmente importa. Quantos líderes já contrataram pelo currículo e tiveram de demitir pelo comportamento? Ou promoveram pela afinidade, e não pela competência? Ou então insistiram em manter alguém que, no fundo, sabiam estar desalinhado com os valores da empresa? Esses erros custam caro em resultados, assim como em engajamento, cultura e confiança.

É nesse ponto que *O jogo invisível das decisões* se torna essencial. Ler o invisível é compreender o que não está dito, escutar o que não é falado e interpretar a linguagem silenciosa do corpo, das emoções e das intenções. É nesse território intangível que residem as pistas mais valiosas para decidir bem sobre pessoas.

Iraci Bohrer transformou erros, aprendizados e descobertas em uma metodologia única no Brasil: a Leitura do Invisível. Essa abordagem prática e poderosa já ajudou empresas nacionais e internacionais a tomar decisões mais acertadas, humanas e alinhadas com valores e estratégias.

Eu sempre defendi que a liderança deve dar atenção a um dos pontos críticos no crescimento das empresas: a perda da cultura. Isso é como um cupim que vai destruindo o negócio por dentro, silenciosamente. O papel do líder é zelar para que isso não aconteça.

Este livro também provoca líderes, gestores e empreendedores a uma mudança de paradigma, ao saírem do papel de coadjuvantes para se tornarem a liderança que desenvolve pessoas, equilibra resultados com qualidade de vida, decide com clareza em processos delicados de contratação, promoção ou desligamento e, principalmente, atua como um maestro capaz de orquestrar talentos e resultados.

Ao longo das páginas, Iraci nos conduz a uma autoanálise profunda. Mostra que nossos pontos cegos em crenças, tensões, filtros e histórias pessoais interferem diretamente nas escolhas do dia a dia. Decidir bem, portanto, exige presença, consciência e coragem. Não é buscar perfeição, e sim coerência. Não é escolher apenas quem brilha no papel, mas quem sustenta valores e entrega consistência no cotidiano.

Este livro não romantiza a liderança. Ele mostra dilemas, pressões e contradições enquanto oferece caminhos concretos para torná-la mais sustentável e transformadora. Em tempos de alta rotatividade e esgotamento emocional, esta leitura é um convite a olhar para os bastidores silenciosos que moldam o comportamento humano nas empresas.

O jogo invisível das decisões é o manual que toda liderança deveria ter e seguir. Este é um chamado à responsabilidade: quem entra, quem cresce e quem permanece em uma organização define a própria força, cultura e velocidade de crescimento. No fim, o segredo das empresas que mais crescem começa sempre na decisão certa sobre pessoas.

LUIZA HELENA TRAJANO
Presidente do Conselho do Magazine Luiza e
do Grupo Mulheres do Brasil

INTRODUÇÃO

DECIDIR É JOGAR O JOGO INVISÍVEL!

Você já parou para pensar quanto custa tomar uma decisão equivocada sobre pessoas?

Isso inclui contratar alguém errado, promover quem não estava pronto, demitir quem era indispensável, manter por muito tempo um profissional que já não acredita mais na empresa. Cada uma dessas escolhas deixa cicatrizes: na cultura, no clima, no bolso e, muitas vezes, até na saúde de quem decide.

Quando se trata de tomar as melhores decisões sobre pessoas, você tem sido estratégico para o futuro do seu negócio? É disso que este livro trata. Daquilo que não aparece no currículo, que não cabe em planilhas e não se revela em discursos ensaiados. Aqui, vamos falar de algo que está diante de nós todos os dias, mas que poucos valorizam: o invisível.

Eu aprendi cedo sobre ele e quero que você me acompanhe nessa jornada.

Sou Iraci Bohrer, especialista em ensinar líderes a ler o invisível e transformar essa habilidade em decisões mais acertadas sobre pessoas – nos negócios e na vida. Aqui, quero compartilhar a minha experiência, assim como o que me levou a escrever esta obra, que nasce de uma trajetória marcada por desafios e descobertas e que vai ajudar você a enxergar além das palavras e a ouvir o que não é falado.

O meu sobrenome entrega que sou de origem alemã. Nasci em Paial, uma pequena cidade no interior de Santa Catarina, com apenas oitocentos habitantes na época. A minha família morava no interior dessa vila. Éramos seis irmãos, hoje somos cinco. O meu pai, paraplégico (*in memoriam*), vivia acamado, e eu, aos 7 anos, já tinha a responsabilidade de cuidar dele. Enquanto isso, a minha mãe (*in memoriam*) e os meus irmãos trabalhavam incansavelmente na roça para garantir o mínimo para a nossa sobrevivência.

Foi nesse cenário de desafios extremos que aprendi, ainda criança, o verdadeiro significado de responsabilidade, coragem e resiliência. Ali nasceu a minha história. Os valores que carrego, a força que me impulsiona e até os traumas que me desafiam foram moldados pela coragem dos meus pais e pela simplicidade daquela pequena cidade. Foi no limite do essencial que o meu caráter foi forjado, as minhas crenças ganharam forma e as marcas profundas se imprimiram em mim – marcas que até hoje definem quem eu sou e a maneira como escolho viver e liderar.

Aprendi também que a vida sempre comunica, mesmo quando o corpo não se move.

Os olhos atentos do meu pai, a voz firme dele, apesar das limitações, a presença mesmo na ausência de movimento... tudo isso me ensinou a ler o que não estava dito. Foi ali que a minha história com o invisível começou, ainda que eu não tivesse consciência disso. Descobri também o poder transformador do conhecimento, a chave que me permitiria sonhar além das dificuldades e escrever um novo destino.

Mesmo sem recursos, decidi que mudaria a minha história. O meu pai, com um espírito empreendedor e um sonho inabalável de ter um moinho (um desejo que a doença interrompeu antes que pudesse se tornar realidade, mas nunca apagou), foi a minha maior inspiração.

Aos 21 anos, guiada pela coragem e por uma determinação inabalável, mergulhei no mundo do empreendedorismo e criei o Grupo Crescer RH, uma empresa especializada em recrutamento e seleção. Sem ego, sem orgulho, apenas com a certeza implacável de que estava destinada a realizar grandes feitos. Hoje, com mais de vinte anos de carreira, olho para trás e vejo uma trajetória marcada por aprendizado, resiliência e realizações. Nesse percurso, o que nunca me abandonou foi a sede de conhecimento, a busca pela inovação e a coragem de explorar o desconhecido. Essa sempre foi, e sempre será, a força motriz da minha jornada.

Como a minha família não tem tradição empreendedora, precisei desbravar esse caminho por conta própria. Aprendi muito no dia a dia, várias vezes errando mais do que acertando, especialmente no começo. Mas cada erro foi uma lição, e a cada passo eu ajustava o que não estava alinhado com o meu propósito – que na época eu chamava apenas de objetivo.

A minha inquietude sempre me levou a buscar novas maneiras de entender as pessoas. Em 2015, vivi um marco. Estava conduzindo um processo seletivo importante, para uma posição de gestão. Dentre os finalistas, eu tinha plena convicção de quem era o melhor. O cliente, porém, decidiu por outro profissional selecionado. Incomodada, liguei para o candidato preterido e perguntei se havia acontecido algo. Ele respirou fundo e revelou que tinha passado a noite no hospital com o filho doente. Mesmo exausto, não quis cancelar a entrevista, com medo de perder a oportunidade.

Naquele instante, tudo parou. Percebi que algo enorme havia passado despercebido, e a avaliação realizada não tinha sido suficiente para captar o invisível presente ali: a exaustão, a dor, o esforço, a humanidade. Foi o meu estalo definitivo para decidir que eu precisava de mais ferramentas. Precisava mergulhar em uma forma de leitura que fosse além das perguntas e das respostas. Eu precisava ajudar líderes a enxergar o que não é dito.

Assim nasceu o meu compromisso com a Leitura do Invisível, que agora compartilho com você. Este livro é fruto de mais de duas décadas ajudando líderes e empresários a decidirem sobre pessoas. É, ao mesmo tempo, o resultado da minha história pessoal, dos meus erros, da minha busca incessante e da experiência prática em empresas de diferentes portes e culturas.

Aqui, a minha intenção é mostrar que decidir bem sobre pessoas não é dom, é competência estratégica. Existe um método, um modo de enxergar pontos cegos, ler sinais sutis, interpretar tensões e silêncios para transformar tudo isso em decisões mais acertadas.

Nesta leitura, você vai perceber que o verdadeiro papel do líder hoje é não apenas entregar resultados, mas também se tornar um gestor de talentos. Isso exige visão, humanidade e estratégia. Ao longo dos próximos capítulos, vamos percorrer juntos uma trilha de reflexões e práticas que podem transformar a sua maneira de liderar. Começaremos refletindo sobre o custo das decisões malsucedidas e os impactos invisíveis delas. Muitas vezes, um erro de escolha não aparece imediatamente e mina a confiança, enfraquece a cultura, corrói a motivação da equipe e compromete os resultados.

Na sequência, vamos compreender como as mudanças geracionais transformaram as expectativas no mundo do trabalho. Hoje, não importam apenas salário e estabilidade: profissionais buscam propósito, alinhamento e crescimento contínuo. Essa nova lógica impõe ao líder o desafio de evoluir com o mercado e repensar como enxerga e conduz pessoas.

Também abordaremos a transição do líder executor para o líder estrategista. O verdadeiro diferencial competitivo está no líder que se torna gestor de talentos, que sabe colocar as pessoas certas nos lugares certos, inspirando e multiplicando resultados por meio de equipes coesas e conscientes.

Avançaremos pelos três pilares das decisões que mudam o jogo: 1) saber quem contratar; 2) como reter talentos estratégicos; e 3) quando é hora de deixar alguém partir. Essas escolhas exigem coragem, clareza e sensibilidade, pois determinam o rumo da empresa no curto, no médio e no longo prazo.

Falaremos ainda sobre como contratar com propósito, indo além do currículo e da experiência técnica. Esse processo envolve analisar valores, comportamentos e visão de futuro, assegurando que cada contratação fortaleça a cultura organizacional em vez de apenas preencher uma cadeira.

Você também será convidado a desenvolver a habilidade de ler o invisível, ao perceber sinais, tensões, energias e histórias que o corpo e a presença de uma pessoa revelam, ainda que ela não pronuncie uma única palavra. Essa é a chave para acessar informações preciosas que podem mudar completamente a forma de decidir.

Além disso, vamos discutir como tomar decisões com mais segurança e assertividade em situações críticas, seja em promoções internas, seja em processos seletivos, seja nos momentos difíceis de um desligamento. Escolhas acertadas nesses pontos se tornam marcos na história de uma empresa e na vida das pessoas envolvidas.

Por fim, construiremos a visão de uma liderança consciente, que entende que decidir bem sobre pessoas é o verdadeiro diferencial competitivo do futuro. Lideranças que sabem equilibrar estratégia e humanidade criam empresas mais fortes, sustentáveis e capazes de deixar um legado.

O que você encontrará aqui é um ingresso para jogar um jogo diferente: o jogo invisível das decisões. Ele exige coragem para olhar além das aparências, empatia para enxergar a verdade que se revela nos detalhes e estratégia para transformar percepções em escolhas conscientes.

Ao terminar esta leitura, o meu desejo é que você se torne capaz de decidir bem sobre pessoas o tempo todo, escolhendo quem contratar, quem promover, quem desenvolver e, quando necessário, de quem abrir mão. Espero que o seu olhar esteja mais apurado, mais humano e mais preparado para transformar a sua equipe e a sua empresa em um espaço de crescimento sustentável.

Esta obra nasceu para ser a sua bússola nesta jornada de descobertas, porque liderar é mais do que entregar resultados: é decidir com propósito e construir futuros.

Se você chegou até aqui é porque também está pronto para enxergar o invisível.

A jornada começa agora!

1

O ALTO CUSTO DE DECIDIR MAL

A cada vez que um colaborador pede demissão, a sua empresa perde mais do que um nome no crachá; perde tempo, energia, cultura e dinheiro. Essa perda tem nome: rotatividade (ou turnover), um indicador que mede a taxa de substituição de colaboradores e é crucial para a saúde da companhia, pois impacta diretamente a produtividade, os custos operacionais e o clima organizacional.

Enquanto em algumas empresas esse índice chega a 60%, o que o mercado considera um valor bastante alto, outras apresentam menos de 1% – muitas vezes no mesmo segmento de atuação! Essa disparidade acende um alerta importante de que decisões sobre pessoas não estão sendo tomadas da mesma forma, e isso gera um impacto direto nos resultados.

Divulgado em agosto de 2023 pela Robert Half, com base em dados do Cadastro Geral de Empregados e Desempregados (Caged), um estudo recente revela que o Brasil registrou um aumento significativo na taxa de rotatividade, atingindo 56%, o que posiciona o país como o líder mundial em rotatividade de funcionários, superando vários países europeus, como Reino Unido (43%), França (51%) e Bélgica (45%).[1]

A pesquisa também apontou aumento na proporção de desligamentos voluntários, que subiu de 33% para 48%, indicando que mais funcionários têm deixado os cargos por iniciativa própria. O que isso quer dizer? Basicamente, os profissionais vêm avaliando melhor as oportunidades e decidindo trabalhar em empresas alinhadas ao seu propósito de vida deles. Esse cenário revela uma mudança profunda nas motivações dos profissionais, e vamos falar disso mais adiante.

1 TURNOVER em alta: principais motivos e como evitar. **Rober Half**, 4 ago. 2022. Disponível em: https://www.roberthalf.com/br/pt/insights/carreira/turnover-em-alta-principais-motivos-e-como-evitar. Acesso em: 15 ago. 2025.

CONTRATAÇÕES EQUIVOCADAS: CAUSAS E CONSEQUÊNCIAS

Outro estudo da consultoria Robert Half, de fevereiro de 2022, revelou que 41% dos executivos brasileiros presumiram ter feito ao menos uma contratação equivocada nos doze meses anteriores à pesquisa. Além disso, 81% dos executivos entrevistados indicaram que os impactos negativos de uma contratação malsucedida eram mais severos do que no ano anterior.

As causas apontadas por eles revelam onde, de fato, estão os erros de decisão.[2] Veja os principais:

- 68% dos executivos indicaram o foco excessivo em habilidades técnicas em detrimento das comportamentais como um dos principais motivos para erros de contratação;
- 65% dos líderes reconheceram que a pressa no recrutamento levou a escolhas precipitadas;
- 54% dos entrevistados apontaram a recorrência de escolha de candidatos cujas competências não correspondiam aos requisitos do cargo;
- 49% dos executivos consideraram a análise insuficiente das referências e experiências anteriores dos profissionais como uma causa de contratações malsucedidas.

Consegue perceber a lacuna, ou o distanciamento, entre as duas pesquisas? Por um lado, cada vez mais profissionais têm pedido

2 41% dos executivos assumem ter feito alguma contratação equivocada no último ano. **Rober Half**, 3 maio 2022. Disponível em: https://www.roberthalf.com/br/pt/sobre-robert-half/imprensa/41-dos-executivos-assumem-ter-feito-alguma-contratacao-equivocada-no-ultimo-ano. Acesso em: 15 ago. 2025.

demissão; por outro, empresas continuam a utilizar os mesmos critérios defeituosos de seleção. Isso mostra que, enquanto os profissionais estão cada vez mais atentos ao propósito, muitas companhias seguem alheias aos sinais invisíveis que indicam a necessidade de alinhamento ou ruptura com padrões de seleção que já não funcionam mais.

POR QUE TANTOS PROFISSIONAIS ESTÃO PEDINDO DEMISSÃO?

Para entender esse movimento, uma sondagem inédita feita pelo Ministério do Trabalho e Emprego (MTE) em 2024 avaliou os principais motivos dos pedidos de demissão.[3] Acompanhe:

- 36,5% já tinham outro emprego em vista;
- 32,5% consideravam baixo o salário que recebiam;
- 24,7% indicaram que o trabalho que realizavam não era reconhecido;
- 24,5% relataram problemas éticos da empresa;
- 23% sofreram adoecimento mental pelo estresse do trabalho;
- 21,7% tinham dificuldade de deslocamento entre a casa e o trabalho;
- 16,2% sofriam problemas com a chefia imediata;
- 15,7% citaram a inexistência de flexibilidade de jornada.

Muitos profissionais veem na oportunidade para mudança de emprego a única alternativa para melhorar a remuneração de maneira

3 BRASIL. Governo Federal. Ministério do Trabalho e Emprego. **Sondagem MTE**: os motivos dos desligamentos a pedido no período novembro 2023 a abril de 2024. Disponível em: https://www.gov.br/trabalho-e-emprego/pt-br/noticias-e-conteudo/2024/Agosto/sondagem-inedita-feita-pelo-mte-aponta-principais-motivos-para-pedidos-de-demissao/copy_of_sondagemdesligadosapedido080824.pdf. Acesso em: 15 ago. 2025.

significativa. Em contrapartida, segundo o estudo Talent Trends, que traça o perfil de funcionários na América Latina, produzido pela Michael Page, 56% dos profissionais brasileiros recusariam uma promoção se isso fosse preservar o bem-estar deles.[4] Então, cada vez mais, nota-se que decisões equivocadas relacionam-se não apenas a quem entra na empresa, mas também a quem é promovido ou mantido em posições desalinhadas com os próprios valores.

Essas pesquisas refletem a necessidade pujante de buscarmos novas maneiras de atrair e reter talentos, entendendo o que realmente esses profissionais valorizam, pois o que tenho observado no mercado é claro e indica que a rotatividade não vai diminuir – pelo contrário, deve se intensificar. A grande questão é: como você, líder, está se preparando para contratar e reter talentos diante desse cenário?

DEMISSÕES VOLUNTÁRIAS: UMA TENDÊNCIA GLOBAL

A tendência das demissões voluntárias não é uma exclusividade brasileira, já sendo percebida em outros países. Segundo o jornal *El País*, na Espanha, os pedidos de desligamento nas empresas subiram para quase 50% nos últimos anos e não se restringem mais a um grupo específico de profissionais, refletindo um movimento mais amplo do mercado e não sendo mais uma exclusividade da nova geração.

Cansaço, demandas constantes e sobrecarga de tarefas são queixas frequentes, assim como é crescente o número de funcionários que saem devido à desorganização interna. Em um mercado de trabalho

4 BRASILEIROS são os que mais recusariam promoção no trabalho para manter bem-estar, diz pesquisa. **Estadão**, 13 jul. 2024. Disponível em: https://www.estadao.com.br/economia/sua-carreira/promocao-trabalho-bem-estar-carreira-pesquisa. Acesso em: 15 ago. 2025.

dinâmico, trabalhadores permanentes de qualquer idade estão mais confiantes de que encontrarão um novo emprego.

A ideia de "trabalho estável" já não se encaixa na realidade atual. O que os profissionais buscam é a sensação de fazer parte de algo maior, em um lugar onde sejam valorizados, tenham voz e possam discutir ideias com liberdade. O desejo é pertencer, contribuir e fazer a diferença, seja enquanto o projeto durar, seja enquanto os propósitos pessoais e profissionais estiverem alinhados. Todos buscam desafios que inspirem e oportunidades que façam sentido e que tenham propósitos claros, muito além de salários ou estabilidade.

Por isso, não basta olhar para habilidades técnicas; é essencial entender a visão de futuro dos trabalhadores atuais e prepará-los tecnicamente quando necessário, mas, antes de tudo, garantir que exista sinergia entre valores e propósito. Sem isso, o crescimento será sempre limitado, tanto para o trabalhador quanto para a empresa.

Nesse cenário, é natural que os objetivos e as prioridades mudem ao longo do tempo, pois isso faz parte da nova dinâmica de trabalho, e as empresas precisam estar preparadas para abraçar essa evolução. A estabilidade que os profissionais de hoje buscam não está mais no contrato, e sim no propósito da atuação.

O QUE AS EMPRESAS AINDA NÃO PERCEBERAM

Muitas empresas enfrentam um cenário hostil, com crescimento estagnado e índices de rotatividade alarmantes. O motivo? Ainda não perceberam que, com a mudança do cenário, a maneira de decidir bem sobre pessoas também precisa mudar.

No topo da lista de preocupação de empresários e CEOs estão a retenção e a atração de talentos, à frente da estabilidade econômica, das vendas e até da inteligência artificial.[5] No entanto, de acordo com Christopher Dottie, diretor administrativo da Hays para o sul da Europa, poucas empresas vêm tomando medidas para impedir as demissões.[6] A maioria tem se limitado a fazer contrapropostas para tentar convencer esses funcionários descontentes a permanecerem por mais alguns anos.

Como mitigar a fuga de talentos sofrida pelas empresas? Ainda segundo Dottie, o primeiro passo é ouvir os funcionários que não se sentem valorizados. Em seguida, criar um plano de carreira genuíno, para que tenham clareza do ritmo de avanço na organização. "As organizações frequentemente subestimam o bom ambiente de trabalho, ao qual os funcionários dão grande importância. Elas devem promovê-lo", diz ele.

OS TRÊS PILARES DOS PREJUÍZOS CAUSADOS PELA ROTATIVIDADE

O ponto central é que erramos porque decidimos sem ler o que não é dito. Sinais de desalinhamento de valores, desengajamento silencioso e incongruências comportamentais passam despercebidos e viram decisões caras. Quando falamos em decisões erradas, inevitavelmente pensamos nos custos relacionados a escolhas malsucedidas, por isso apresento, a seguir, os três principais pilares impactados com custos diretos e indiretos.

---

5 LLYC.GLOBAL. **Ativismo corporativo para um ano difícil**. 2024. Disponível em: https://llyc.global/wp-content/uploads/2025/03/Forecast_Corporate_Affairs_2024_PT.pdf. Acesso em: 15 ago. 2025.

6 SÁNCHEZ-SILVA, C. Ahí os quedáis, me voy de la empresa: por qué cada vez más gente deja su trabajo. **El País**, 25 fev. 2025. Disponível em: https://elpais.com/economia/negocios/2025-02-25/ahi-os-quedais-me-voy-de-la-empresa.html. Acesso em: 15 ago. 2025.

1. Prejuízos no caixa

Essa decorrência é a mais conhecida e sentida, e aqui estamos tratando somente dos custos diretos da rotatividade. Quando um colaborador sai da empresa, as consequências financeiras são imediatas e profundas, mas muitas vezes subestimadas. É por isso que compreender o impacto financeiro do turnover é fundamental para justificar investimentos em estratégias de retenção e engajamento.

Observe alguns custos diretos:

- **Recrutamento e seleção** – investimentos em plataformas de vagas, honorários de recrutadores e tempo gasto por gestores em entrevistas;
- **Integração e treinamento** – *onboarding* e capacitação do novo colaborador, incluindo o tempo que outros profissionais dedicam para treiná-lo;
- **Desligamento** – pagamento de verbas rescisórias e custos administrativos, que podem ser bastante elevados.

Segundo uma pesquisa da Gallup, que quantifica o custo da rotatividade, fica evidente o impacto financeiro do turnover, sendo fundamental identificar essa falha para justificar investimentos em estratégias de retenção e engajamento.[7] Nesses percentuais estão refletidos a complexidade das funções e o tempo necessário para treinamento e integração, além dos impactos estratégicos associados à saída de profissionais em posições-chave.

---

7 TATEL, C.; WIGERT, B. 42% of Employee Turnover Is Preventable but Often Ignored. **Gallup**, 10 jul. 2024. Disponível em: https://www.gallup.com/workplace/646538/employee-turnover-preventable-often-ignored.aspx. Acesso em: 15 ago. 2025.

- **Cargos operacionais ou de nível inicial**: o custo de substituição costuma ficar em 40% do salário anual do colaborador que está saindo.
- **Posições técnicas, especializadas ou cargos de gerência**: os custos podem chegar a 80% ou 100% do salário anual.
- **Cargos C- Level, executivos ou de alta liderança**: o custo pode ultrapassar 200% do salário anual.

Por fim, segundo um estudo feito pela Glassdoor, de maneira geral no Brasil leva-se 39 dias para contratar um novo funcionário.[8] Se o processo for equivocado e não der o resultado esperado, é necessário começar tudo novamente.

2. Desgaste invisível

Quanto custa resgatar a confiança de um colaborador na sua empresa? Você sabia que a desmotivação da equipe é um dos primeiros sinais dos altos índices de rotatividade? Os sentimentos de insegurança e desmotivação impactam a produtividade em geral, e não são raros os casos em que líderes questionam no que e onde estão falhando. Ainda, as dúvidas sobre a qualidade do ambiente de trabalho são rotineiras.

De acordo com um estudo realizado pela Leadership IQ, 74% dos funcionários apresentam queda na motivação após a saída de um colega, com alteração no moral da equipe.[9] Isso significa que erros de contratação não apenas afetam a empresa em termos de custos financeiros,

---

8 QUANTO tempo dura um processo seletivo no Brasil e em mais 24 lugares. **Glassdoor**, 28 ago. 2017. Disponível em: https://www.glassdoor.com.br/blog/quanto-tempo-dura-um-processo-seletivo-no-brasil-e-em-mais-24-lugares. Acesso em: 15 ago. 2025.

9 LEADERSHIP IQ. **Don't Expect Layoff Survivors to Be Grateful (Survivor's Guilt After a Downsizing)**. [s. d.]. Disponível em: https://www.leadershipiq.com/blogs/leadershipiq/29062401-dont-expect-layoff-survivors-to-be-grateful. Acesso em: 15 ago. 2025.

mas também geram repercussões significativas na equipe, as quais são sentidas pelos colaboradores.

Quando há troca frequente em cargos de gestão ou diretoria, esse impacto é ainda maior. A sensação é de falta de credibilidade e de um ambiente de desconfiança. Em geral, corre pelos corredores a dúvida: "Quanto tempo mais esse gestor vai durar?". Nesse cenário, acredito que uma das coisas mais difíceis de resgatar é a confiança de um colaborador na gestão, e os primeiros sintomas disso são a falta de engajamento e o descompromisso com prazos e entregas.

Não menos importante é o impacto na produtividade e na performance da empresa. Em média, perde-se cerca de oito meses de produtividade para cada substituição na equipe.[10] Isso representa muito tempo de crescimento desperdiçado, sendo também necessário considerar as consequências da sobrecarga de trabalho para os funcionários restantes. Aqui, enfatizo o risco aumentado da ocorrência de erros e burnout, sem considerar que erros frequentes de contratação ou gestão ineficiente levam os profissionais, em muitos casos, a buscar novas oportunidades; e isso, por sua vez, impacta a regularidade dos resultados financeiros.

3. Erosão da cultura

Quando um clima de instabilidade e insegurança se instala, a motivação e o engajamento do time são duramente afetados, e esses impactos são sentidos na retenção e na atração de talentos. Falaremos, em específico, sobre atração de talentos mais adiante.

---

10 IT CAN Take Eight Months Before New Starters Become Productive at Work. **Business Wire**, 5 out. 2021. Disponível em: https://www.businesswire.com/news/home/20211005005229/en/It-Can-Take-Eight-Months-Before-New-Starters-Become-Productive-at-Work. Acesso em: 15 ago. 2025.

Se há rotatividade elevada, os ruídos impactam diretamente a imagem da empresa, sobretudo a percepção de valor sentida por clientes e fornecedores. Já vi muitos casos de empresas que contrataram profissionais altamente qualificados que não se adaptaram ao ambiente e à cultura e logo se desligaram, então perceba que nem tudo tem relação com contratações pela experiência técnica. Isso tampouco quer dizer que o profissional não é bom, apenas que profissionais com valores diferentes têm poucas chances de se adaptar à empresa. Sendo assim, ao contratar, decida por pessoas que tenham *fit* cultural com a sua empresa e treine-os tecnicamente com o passar do tempo.

Construir uma cultura sólida de confiança e credibilidade nem sempre é confortável e, muitas vezes, exige decisões enérgicas. Imagine que parte da diretoria de uma grande companhia foi substituída para que a cultura e os valores da organização fossem preservados, por exemplo. Essa medida, aparentemente drástica, revelou-se essencial para o crescimento dos resultados. A esse tipo de ação, eu dou o nome de "turnover provocado".

Frequentemente, empresas enfrentam desafios como comunicação falha e ambientes hostis e, não raro, a isso se soma o despreparo dos líderes para identificar e gerir talentos. O que esperar como resultado, então? Oportunidades de crescimento perdidas e remunerações desalinhadas com o mercado.

Embora a remuneração seja muitas vezes apontada como motivo primordial para a saída, a baixa produtividade em geral precede essa decisão, indicando que os líderes precisam estar atentos aos sinais de insatisfação da equipe. A busca por valorização leva profissionais a explorar novas oportunidades no mercado quando não se sentem ouvidos ou valorizados, assim como quando oportunidades de crescimento não são oferecidas.

Hoje, profissionais priorizam trabalhos com propósito e significado e procuram empresas que ofereçam um ambiente positivo e alinhado aos próprios valores. A falta de reconhecimento, a ausência de desafios, a inexistência de planos de carreira estruturados, um clima organizacional pouco motivador e o desalinhamento de expectativas são os principais fatores que levam esses profissionais a buscarem novas oportunidades na própria carreira.

O PROCESSO SELETIVO PRECISA EVOLUIR

Quando falamos em decidir bem sobre pessoas, é importante notar que 95% das contratações feitas apenas com base em habilidades técnicas resultam em 90% das demissões; ou seja, contrata-se pelas habilidades técnicas e demite-se pelo comportamento.[11] É uma conta que não fecha.

Falta de clareza das competências técnicas e comportamentais necessárias para o cargo, entrevistas sem direcionamento, ferramentas de análise inadequadas ou ultrapassadas, despreparo dos tomadores de decisão, excesso ou falta de etapas e questões de alinhamento cultural são os principais causadores dessa incongruência nos processos seletivos.

Muitas empresas negligenciam etapas essenciais (do agendamento ao planejamento), e essa falta de atenção, por parte de quem decide, geralmente é resultado de sobrecarga de trabalho e falta de foco ou de conhecimento. Isso compromete a imparcialidade e leva à supervalorização das habilidades técnicas em detrimento das competências comportamentais.

A nova dinâmica de trabalho exige que as empresas estejam preparadas para abraçar a evolução dos propósitos, dos objetivos e das prioridades dos profissionais. Não basta olhar apenas para as

---

11 PRIMEIRA semana de emprego: o que fazer e não fazer? **Page Personnel**. Disponível em: https://www.pagepersonnel.com.br/advice/carreira-profissional/dicas-de-carreira/primeira-semana-de-emprego-o-que-fazer. Acesso em: 15 ago. 2025.

habilidades técnicas; é preciso entender a visão de futuro de cada um e garantir que exista sinergia entre os valores e os propósitos da empresa e dos colaboradores.

O ALTO CUSTO DE IGNORAR O QUE ESTÁ INVISÍVEL

Então, quais são os custos de manter profissionais que estão dando sinais de insatisfação ou, pior ainda, de não perceber os talentos latentes na sua equipe? O principal – e primeiro – sinal de um colaborador desmotivado é a *baixa produtividade.*

E quanto custa manter um colaborador que não está produzindo como deveria ou que está utilizando a capacidade intelectual dele com reservas? Esses impactos são sentidos não só na cultura organizacional ou na dificuldade de contratar ou reter talentos, mas sobretudo no caixa, além de na perda de conhecimento acumulado. Um colaborador desmotivado raramente entrega todo o potencial que carrega.

Como identificar um colaborador desmotivado? Primeiro ponto: resultados. Logo depois, nota-se a falta de compromisso com horários e, obviamente, prazos. Aqui ainda faço um adendo: há empresas que estabelecem metas impraticáveis e inatingíveis, então sugiro que confira se é o seu caso. Metas devem existir para direcionar o caminho, e a falta de clareza (ou ferramentas) pode provocar o efeito contrário, criando desmotivação e o sentimento de que algo é impossível de ser conquistado.

Imagino que agora você esteja se perguntando: como aumentar a produtividade e o índice de satisfação no trabalho? Antes de tudo, é importante entender a origem dessa insatisfação, pois é ela que motiva a busca por novas oportunidades. Mas trataremos mais desse assunto nos capítulos seguintes.

Agora, devemos ter em mente que os custos da manutenção de profissionais insatisfeitos vão além do impacto financeiro direto. Nota-se um clima de negatividade, falta de confiança na liderança, descompromisso com os resultados e, em alguns casos, até insubordinação. A dificuldade se apresenta também na atração e na retenção de talentos. Esses fatores afetam diretamente a imagem e a performance da empresa e o diferencial competitivo dela no mercado, evidenciando que decisões inadequadas sobre pessoas têm, sim, um impacto imediato nos resultados.

Como vimos até aqui, decisões equivocadas sobre pessoas custam caro – ao bolso, à cultura e à vitalidade da empresa. Mais do que isso: custam a oportunidade de construir equipes engajadas, ambientes sustentáveis e negócios preparados para crescer. Por isso, escolher bem não é uma tarefa restrita a um setor específico; trata-se de uma responsabilidade de toda a liderança. É hora de olhar além do currículo e das métricas e começar a enxergar o invisível.

2

DECISÕES SIMPLES, TRANSFORMAÇÕES GIGANTES

Quantas vezes você deixou de dar oportunidade a um colaborador por acreditar que ele estava há pouco tempo na empresa e, em seguida, esse talento ficou desmotivado pela falta de chances e acabou indo para outra companhia, onde se destacou e cresceu?

Ou aconteceu o inverso: você promoveu um colaborador por ter mais tempo de casa, e a equipe se desestruturou por não enxergar nele um talento capaz de conduzir o time. Ainda, você decidiu contratar ou promover aquele parente que sempre pediu oportunidade, mas acabou se decepcionando e, além de perder um funcionário, ainda teve problemas familiares para administrar.

Quem sabe, até, promoveu aquele funcionário de que mais gostava por se parecer com você, compartilhar as mesmas opiniões e acatar todas as suas solicitações, mas foi um desastre, desestruturou o time e fez os resultados despencarem.

Qualquer semelhança com a sua realidade não é mera coincidência, porque isso acontece com mais frequência do que gostaríamos. A pergunta aqui é: o que verdadeiramente importa? Na realidade atual, muitos talentos buscam crescer com certa rapidez ou ao menos visualizar essa oportunidade de crescimento – então, quando ela não fica visível, eles se desmotivam.

Como líderes e gestores têm se sentido diante desses erros?

Por exemplo, uma vez, estive em uma empresa familiar que promoveu um funcionário de confiança para liderar o time. Ele conhecia tudo do processo, mas, no dia a dia, evitava conversas difíceis, centralizava decisões e aprovava apenas o que era apresentado por quem concordava com ele. As reuniões ficaram silenciosas; as pessoas passaram a apresentar menos propostas; duas entregas voltaram para "ajustes" três vezes. Em seis meses, três talentos saíram. Ninguém citou a promoção dessa pessoa como motivo na entrevista de saída, apenas falaram em "viver um novo desafio". Por dentro, a sensação do gestor foi uma só: "Eu estraguei o meu próprio time?". Ele não errou por mal, e sim por não ver o que estava invisível.

Isso já aconteceu com você ou com alguém que conhece? Você reconhece sinais de retrabalho e queda de confiança que podem aparecer depois de uma promoção? Ou, ainda, você já manteve um "top performer" que entregou resultado, mas minou a confiança do time? Ninguém confronta, as reuniões ficam tensas e as saídas começam em sequência.

A DOR SILENCIOSA DE QUEM LIDERA

Quando vejo líderes preocupados com os negócios, percebo que "exaustão" é a primeira palavra que os define. Muitas vezes, a sensação é de estarem perdidos entre decisões que pareciam fáceis, mas que acabam gerando problemas com proporções gigantescas, causados por insegurança ou procrastinação na tomada de decisão.

Quantas vezes você tardou na escolha de uma contratação e, ao contatar o profissional, ele já havia se recolocado? Quantas vezes, na pressa para solucionar a falta de um profissional no time, você escolheu rápido e acabou decidindo errado? Quantas vezes só percebeu que um colaborador estava desmotivado e buscando outras oportunidades quando ele pediu demissão?

Nos casos em que o pedido de demissão voluntário vem acompanhado de outra proposta, é importante avaliar se faz sentido insistir em quem já decidiu partir. Aumentar a remuneração pode até adiar essa saída, mas dificilmente reacende a motivação de quem já não vê futuro na empresa. Vale mais investir energia em quem ainda acredita no projeto do que tentar segurar quem já colocou um pé para fora da porta.

O ponto crucial aqui é que nem tudo está relacionado à remuneração. Às vezes, vale mais deixar esse profissional sair, pois, se ficar,

Você sente que algo mudou, mas não sabe o quê, e a performance cai aos poucos.

O JOGO INVISÍVEL DAS DECISÕES
@IRACI_BOHRER

mais cedo ou mais tarde voltará a buscar novas oportunidades. Digo isso porque, em mais de vinte anos de atividade, vi muitos casos em que só remuneração foi oferecida como contraproposta – e a média de permanência desse profissional "reconquistado" é de doze a dezoito meses. Por isso, repense a sua estratégia nessas situações.

Eu sei que a dinâmica do dia a dia é desafiadora. Você sai para trabalhar com a sensação de que vai precisar "matar mais um leão", muitas vezes sem energia para inovar no seu negócio. Todo dia parece uma nova luta. Você se sente sobrecarregado porque tem mil coisas para resolver... e as pessoas não ajudam. Sempre há um colaborador com problema, líderes olhando para direções diferentes das suas – e o resultado da empresa começa a ser comprometido.

No fundo, você sente que, se não acompanhar tudo de perto, nada vai evoluir. Aquela velha sensação de: "Se eu não fizer, não vai sair direito". É como carregar o mundo nas costas, não é? O pior é que parece impossível evitar os problemas e, mais ainda, resolvê-los.

No fim, vira uma bola de neve. Em certos dias, você acha que o problema é você. "Será que eu não sei escolher?". E isso pesa mais do que qualquer KPI (*Key Performance Indicator*; em português, indicador-chave de desempenho). Entre saber que precisa desligar e o medo de errar no "como", a decisão trava e vêm a culpa, o receio de processo, a dúvida sobre a sua imagem como líder, se de alguma maneira vai parecer injusto etc.

Há algo que, como empreendedora, eu sinto na pele com frequência: a solidão. Sim, solidão, você leu certo! Muitas vezes, quando chegamos em casa, não conseguimos conversar com a família sobre o que nos preocupa na empresa, porque nesse ambiente exercemos outros papéis: mãe, pai, esposa, marido, filha, filho... Com os amigos, o que menos queremos é falar de trabalho, afinal relaxar um pouco é saudável e necessário. Já com colegas de profissão ou de trabalho, abrir o jogo sobre as preocupações pode soar como fraqueza ou, pior, como incompetência. E aí, o medo do julgamento nos silencia.

Sabe aquela sensação constante de que está sempre atrasado? Se demorar para decidir, perde a chance. Se decidir rápido demais, corre o risco de errar. E se não decidir... alguém vai acabar decidindo por você! Você percebe os seus concorrentes ganhando espaço e sente que precisa acelerar, mas sem clareza de como fazer isso. Então você se movimenta e tenta inovar, sem direção; naturalmente, os resultados não são os que você gostaria. É como se o tempo estivesse sempre correndo e você tentando alcançar, sem fôlego, com mil decisões nas costas e o medo de não estar fazendo o melhor.

Em uma companhia que acompanhei por um tempo, faltavam trinta dias para a entrega de um projeto crítico, e a vaga para preencher um espaço vazio na equipe estava aberta havia semanas. A decisão saiu em sete dias: "Melhor ter alguém do que ninguém". No primeiro mês, parecia tudo resolvido. No segundo, surgiram pequenos erros. No terceiro, o time refez parte do trabalho sem registrar horas extras. Ninguém quis expor o novo colega. A entrega aconteceu, mas à custa de noites longas e de uma mensagem silenciosa: "Se a gente não cobrir, não sai". O gestor entregou tudo no prazo, mas herdou um time cansado e desconfiado.

Esta é a vida real de quem está à frente de um negócio: dias intensos (ou, como prefiro dizer, divertidos!), lidando com concorrência, prazos, metas de qualidade, inovação, crescimento e fluxo de caixa. Nesse turbilhão, os sinais vindos das pessoas são fundamentais para indicar quando algo não vai bem. No trabalho remoto, esses sinais se tornam mais sutis, como câmeras desligadas, respostas curtas e diretas, atrasos justificados por "problemas de conexão". Você sente que algo mudou, mas não consegue identificar exatamente o quê, até que a performance começa a cair.

No meio disso tudo, decidir bem sobre pessoas é, sem dúvida, um dos maiores desafios, porque exige atenção, cuidado e, acima de tudo, empatia para enxergar além do que é dito e entender os potenciais e as necessidades de cada profissional.

E QUANDO A DECISÃO ENVOLVE PRESTADORES DE SERVIÇO?

Você já sentiu que escolheu um fornecedor pelo discurso e pagou caro pela entrega que não chegou? Ou que a proposta parecia perfeita na reunião, mas, no dia a dia, o combinado virou interpretação? Entre escopos que se estendem, prazos que escorregam e mensagens não respondidas, sobra para você dar conta do que era para ser solução.

Há também o outro lado: o medo de cobrar e parecer "controlador"; o receio de encerrar o contrato e ficar sem a entrega; a sensação de estar refém porque o time interno depende daquele serviço para performar. Quando a equipe percebe o vai e volta com o fornecedor, o humor cai, pois aparecem o retrabalho, o ruído na comunicação e a desconfiança. A conta emocional fica sempre dentro da empresa.

No fim do mês, o que aparece é só a fatura. O custo invisível é maior, com tempo drenado em alinhamentos, energia gasta para consertar promessas e a dúvida que ronda a cabeça do líder: "Escolhi errado de novo?". Se você reconhece essa cena, não se desespere, porque isso acontece com muita gente boa, justamente porque decidir sobre pessoas (mesmo quando são PJs) mexe com confiança, expectativas e responsabilidade compartilhada.

O QUE VEM DEPOIS

As decisões sobre pessoas, seja em contratações CLT ou PJ, seja em parcerias estratégicas, não ocorrem no vácuo; elas estão profundamente conectadas ao contexto em que vivemos. E esse contexto mudou, como já vimos. O mundo profissional vem passando por transformações profundas, impulsionadas por inovações tecnológicas, novos modos de se relacionar com o trabalho e mudanças geracionais que impactam diretamente as dinâmicas dentro das organizações.

Então quais são, afinal, as causas invisíveis dessas decisões malfeitas? É isso que vamos descobrir no próximo capítulo.

3

O MUNDO MUDOU. E VOCÊ?

Em 1997, o filme *Titanic* dominou as atenções e se tornou um fenômeno global, quebrando recordes de bilheteria em todo o mundo. No mesmo ano, DVDs começaram a ser produzidos e vendidos em larga escala. Nas rádios, o mundo ouvia *Candle in the Wind 1997*, música que Elton John regravou em homenagem à Princesa Diana e que se tornou o single mais vendido da história. Nos telejornais, a clonagem da ovelha Dolly despertou intensos debates éticos e científicos. No Sudeste Asiático, uma grave crise financeira ameaçou economias inteiras, enquanto a internet avançava rapidamente, alterando a maneira como as pessoas se comunicavam, consumiam e trabalhavam.

O que poucos perceberam na época foi que essas mudanças não eram eventos isolados, mas sintomas de um fenômeno maior: uma transição geracional que redefiniu as relações sociais, o mercado de trabalho e o modo como indivíduos enxergam o próprio papel no mundo.

Até então o trabalho era visto como um meio de subsistência e estabilidade, e as novas gerações começaram a questionar esse modelo. A busca por propósito, flexibilidade e impacto social emergiu como um dos principais impulsionadores das decisões profissionais e de consumo. Não bastava mais ter um emprego; era preciso encontrar sentido nele.

Ainda nos anos 1990, a consultoria McKinsey cunhou o termo “guerra pelo talento”, prevendo que as empresas enfrentariam dificuldades para atrair profissionais qualificados, assim como para reter aqueles que compartilhavam a mesma visão de futuro.[12] Esse conceito ganhou força nas décadas seguintes, à medida que a digitalização acelerou a criação de novos mercados, ao mesmo tempo em que desestabilizou algumas profissões tradicionais.

Hoje, em um mundo pós-pandemia, sobretudo em setores emergentes, como inteligência artificial e sustentabilidade, a competição para atrair e reter os melhores profissionais está mais acirrada do que nunca. Os profissionais buscam qualidade de vida e um trabalho com propósito. Quando esses valores não são encontrados dentro da empresa, a consequência é clara: a rotatividade aumenta, como vimos no Capítulo 1.

Estamos diante de uma mudança sem precedentes no mercado de trabalho. O tempo médio de permanência de colaboradores nas empresas caiu para cerca de um ano e dois meses, variando conforme a faixa etária.[13] E há estudos que apontam que esse número pode cair ainda mais, chegando à média de seis meses.[14]

Quando consideramos essa nova realidade, a pergunta inevitável é: o que realmente prende ou engaja os profissionais no trabalho hoje? Já sabemos que não é apenas salário ou estabilidade. Essa mudança de perspectiva tem pegado muitas empresas de "calças curtas".

---

12 NATARAJAN, S. McKinsey planeja cortar cerca de 2 mil empregos, em maior reestruturação em anos. **Bloomberg Línea**, 21 fev. 2023. Disponível em: https://www.bloomberglinea.com.br/2023/02/21/mckinsey-planeja-cortar-cerca-2-mil-empregos-em-maior-reestruturacao-em-anos. Acesso em: 22 ago. 2025.

13 FURLAN, L. Job hopping: tempo médio de permanência no emprego diminui. **Você RH**, 30 mar. 2023. Disponível em: https://vocerh.abril.com.br/futurodotrabalho/job-hopping-tempo-medio-de-permanencia-no-emprego-diminui. Acesso em: 22 ago. 2025.

14 EXPECTATIVA vs. realidade: satisfação com a empresa cai pela metade na saída. **Forbes**, 26 jun. 2023. Disponível em: https://forbes.com.br/carreira/2023/06/expectativa-vs-realidade-satisfacao-com-empresa-cai-pela-metade-apos-6-meses. Acesso em: 22 ago. 2025.

O que realmente prende ou engaja os profissionais no trabalho hoje?

O JOGO INVISÍVEL DAS DECISÕES
@IRACI_BOHRER

As decisões sobre pessoas não têm acompanhado a velocidade que essa transformação exige, e isso tem um preço alto: a incapacidade de reter talentos e a dificuldade de atrair uma nova geração de profissionais. E aqui vale reforçar que não estamos falando apenas de faixa etária, mas sim de uma nova geração de mentalidade, formada por pessoas que querem trabalhar com propósito, impacto e coerência com os próprios valores.

De um lado, empresas disputam profissionais cada vez mais qualificados. Do outro, trabalhadores exigem oportunidades reais de crescimento, salários mais compatíveis com o mercado em que atuam e, acima de tudo, equilíbrio entre vida pessoal e profissional.

Há um desajuste global na busca por talentos, com cerca de oito em cada dez empresas enfrentando dificuldades para suprir essas necessidades.[15] Os motivos são diversos, mas aqui me atentarei a um em especial: a remuneração, que é o principal fator citado pelos profissionais ao considerar uma nova oportunidade.

Nos últimos anos, analisei, pesquisei e busquei estratégias que realmente ajudassem a pensar sobre pessoas de modo mais estratégico. Nisso, me deparei com dados relevantes da Pluxee, indicando que 64% dos funcionários não estão satisfeitos com a remuneração, o que tem levado muitas empresas a reestruturar as estratégias salariais.[16]

E o que realmente está sendo valorizado? A personalização da proposta de valor. Nesse mesmo sentido, Elena Celda, CEO da Pluxee Espanha, reforça que os perfis profissionais têm se diversificado, e a

---

15 NUNES, C. Escassez de talentos: oito em cada dez empresas têm dificuldades para contratar. **Extra**, 9 mar. 2025. Disponível em: https://extra.globo.com/economia/noticia/2025/03/escassez-de-talentos-oito-em-cada-dez-empresas-tem-dificuldades-para-contratar.ghtml. Acesso em: 22 ago. 2025.

16 MONTANERA, R. #188. Estudio de Retos y Tendencias en RRHH 2024. Pluxee. **Datatonics**, 14 ago. 2024. Disponível em: https://datatonics.substack.com/p/188-estudio-de-retos-y-tendencias. Acesso em: 22 ago. 2025.

diferença entre talentos seniores e recém-contratados é cada vez mais visível, o que impossibilita uma abordagem única na gestão de talentos. “Para gerar engajamento, é preciso tratar os casos de maneira segmentada”, conclui ela.[17] Ou seja: não existe fórmula mágica; existe o que funciona para a sua empresa e a sua realidade.

A VISÃO DO EMPRESÁRIO QUE FAZ TUDO

Eu conheço a sua rotina e também conheço as suas preocupações. E aposto que algumas das que provavelmente fazem parte do seu dia a dia são captação e retenção de clientes, inovação constante para manter a competitividade, pensamento e planejamento estratégico, gestão do fluxo de caixa, manutenção da qualidade do seu produto ou serviço, logística eficiente e, é claro, a sua equipe. Desenvolver talentos, contratar novos colaboradores para sustentar o crescimento do negócio, bem como escolher parceiros e fornecedores confiáveis, que cumpram os prazos e entreguem o combinado, não são tarefas fáceis.

É muita coisa. Eu sei. E o mais desafiador é que tudo isso acontece ao mesmo tempo.

Com tanta sobrecarga, é natural que a atenção (ou prioridade) nem sempre vá para onde realmente faz diferença: as pessoas. E são elas que podem ajudar a ultrapassar barreiras, crescer e sustentar o sucesso da sua empresa. É por meio das pessoas que você vai alavancar o seu negócio, e isso passa por escolher, desenvolver e engajar os talentos e os fornecedores certos.

17 "PLUXEE lidera la transformación en el ámbito de los beneficios para empleados". **La Razón**, 23 fev. 2025. Disponível em: https://www.larazon.es/lr-content/pluxee-lidera-transformacion-ambito-beneficios-empleados_2025022367b6fd45500f960001132083.html. Acesso em: 22 ago. 2025.

Investir tempo e estratégia na gestão de pessoas não é um custo, é um diferencial competitivo. Quando você direciona a sua atenção para quem está ao seu lado, cria um ambiente mais produtivo, fortalece a sua equipe e aumenta consideravelmente as suas chances de sucesso. Afinal, ninguém constrói um grande negócio sozinho. E você, seguramente, já sabe disso.

Mas o que acontece na prática? Muitos empresários acabam não priorizando as pessoas porque estão com foco excessivo nos processos, dedicando-se às operações, e assim não percebem quando a desmotivação começa a surgir. O problema só se revela quando os talentos passam a pedir demissão... e aí, muitas vezes, já é tarde demais. Nesses casos, muitas vezes, em meio ao susto, o empresário faz uma contraproposta salarial apenas para tentar "reter" esse profissional.

Vale lembrar, no entanto, o que já mencionamos: nem sempre o problema é dinheiro. Quando o profissional se sente distante dos objetivos da empresa ou percebe que não está evoluindo, começa a olhar para o mercado. Como o mercado está competitivo, sempre haverá espaço para talentos, bem como empresas preparadas para identificá-los, indo muito além da experiência técnica.

A verdade é que o foco da gestão deveria estar nas pessoas, e esse talvez seja o maior desafio do empresário que faz tudo sozinho. Quando mantemos na equipe alguém que já está desalinhado apenas por medo do incômodo que essa saída pode causar, o sistema inteiro paga: a confiança cai, o time desengaja e a decisão vira custo.

A MUDANÇA NO DESAFIO DA GESTÃO: OS PONTOS CEGOS

Esse cenário é dinâmico, complexo e desafiador. Porém, quando há uma escolha equivocada – na contratação de um colaborador, na promoção interna, na seleção de um fornecedor e até mesmo na demissão de alguém cujo valor só foi percebido depois –, é fundamental parar e reavaliar: onde errei?

É nesse momento que convido você a olhar com mais atenção para um fator que pode estar sabotando-o sem que você perceba: os seus pontos cegos.

Será que o perfil que você vem priorizando em processos de contratação ou promoção está, de fato, conectado ao que a sua empresa precisa hoje, em termos de estratégia, cultura e momento de negócio?

Algumas vezes, os pontos cegos surgem porque confiamos demais em padrões de escolha que já seguimos antes, sem perceber que eles podem estar nos limitando. Quer um exemplo comum? O hábito de contratar sempre perfis parecidos com os que funcionaram no passado. Trata-se de um erro, porque o contexto da empresa tende a mudar, assim como o mercado muda e as exigências de hoje não são as mesmas de ontem.

Em outros casos, há resistência em contratar alguém com um estilo diferente do gestor, por receio de conflitos. Mas atenção: existe uma linha tênue entre perfis questionadores e perfis conflituosos.

O questionador desafia o pensamento convencional, propõe novas perspectivas e contribui para decisões mais consistentes. Ele faz perguntas estratégicas, busca entender o porquê das ações e ajuda a empresa a evitar decisões precipitadas. Quando bem direcionado, esse perfil impulsiona a inovação e o crescimento. Já o conflituoso questiona apenas para impor a própria visão das coisas. O foco não é aprimorar, e sim resistir, então o indivíduo cria embates desnecessários, desacelera processos e compromete a harmonia do time.

Nesse contexto, um erro comum que amedronta muitos gestores é interpretar qualquer questionamento como resistência ou rebeldia. A diferença está na intenção e na maneira de fazer isso. O questionador desafia com respeito, foca soluções e mantém o olhar nos objetivos organizacionais, enquanto o conflituoso prioriza a discussão sem rumo e gera pouco (ou nenhum) avanço.

Outro ponto cego comum é o excesso de confiança na própria intuição. É claro que a experiência conta, mas, quando não é combinada com dados objetivos e critérios técnicos e claros, pode acarretar decisões enviesadas. O que parece um "feeling certeiro" pode, na verdade, ser um ponto cego que ignora aspectos essenciais para o sucesso da escolha. Contratar porque gostamos do que o profissional falou na entrevista pode ser um erro, pois já sabemos que uma parte crucial da comunicação é não verbal.

E tem mais: alguns gestores caem no ponto cego de acreditar que um bom desempenho técnico garante automaticamente um bom desempenho em liderança. Contratar ou promover alguém apenas pelo conhecimento técnico, sem avaliar a capacidade de gestão, pode resultar em frustrações, tanto para a empresa quanto para o profissional. Esse ponto cego aparece porque estamos focados na busca por resultados no curto prazo.

Outras vezes, contratamos pela urgência de resolver o problema que a ausência de um colaborador causa.

Algum desses pontos cegos fez sentido para você? Então, anote:

> Ponto cego → leitura distorcida → decisão ruim → custo

É sempre essa a cadeia quando ignoramos o que não é dito, verbal ou não verbalmente.

Confiar apenas na experiência técnica para evitar treinamentos pode parecer uma escolha segura, mas ignorar as competências comportamentais e o alinhamento cultural é um risco alto e, muitas vezes, silencioso: o que parece uma solução rápida hoje pode se revelar um erro custoso amanhã. Quanto mais claros forem os critérios que realmente importam para o sucesso na função, menor será o risco de repetir decisões que, à primeira vista, parecem certas, mas no longo prazo se mostram falhas.

A LIDERANÇA E A EVOLUÇÃO DESSE PAPEL

Foco em resultados, mas não em execução. Por que essa mudança? A pressão por métricas de curto prazo, o medo de perder o controle e a escassez de tempo puxam o líder para a operação. Isso gera excesso de controle e urgência, faz que a leitura do time se perca e deixa os sinais invisíveis fora do radar. No fim, a decisão sobre pessoas passa a ser reativa.

A liderança também precisa reconhecer os próprios pontos cegos. Um dos mais comuns é acreditar que estar envolvido em cada detalhe operacional é sinônimo de eficiência. Você sabia que essa abordagem, na verdade, pode estar impedindo a sua empresa de evoluir? A falsa ideia de que o líder precisa participar de tudo para garantir que tudo saia perfeito muitas vezes revela algo mais profundo: a falta de confiança na equipe. E é isso que mantém o líder preso à execução.

O problema é que, quando você está mergulhado na operação, deixa de ocupar outros papéis igualmente importantes, como desenvolver pessoas, pensar o negócio estrategicamente, buscar inovação e abrir novas frentes de crescimento. Observe que não se trata de abandonar o acompanhamento operacional, e sim de dedicar a ele o tempo adequado, porque, quando há espaço para que as pessoas cresçam, os talentos se revelam.

É importante repensar o foco excessivo na execução. Até pouco tempo atrás, garantir a qualidade do produto ou serviço era a maior prioridade. Atualmente, falar de qualidade, por exemplo, já não é um diferencial competitivo, porque os clientes buscam mais do que isso. Com a evolução do mercado e a crescente rotatividade, como podemos sustentar o crescimento sem investir no desenvolvimento das pessoas para que seja possível ter um posicionamento estratégico?

Já passou pela sua cabeça desistir de ter uma equipe por não confiar mais nas pessoas? Por estar cansado de treinar, treinar e treinar? Pela minha já passou algumas vezes. Por um tempo, eu até fiquei sem equipe, mas não tinha mais vida... a minha rotina se resumia a trabalhar! Há um preço alto a se pagar por isso. É sabido que um empreendedor que faz tudo acumula inúmeras atribuições, por isso a transição de papéis é essencial. Transformar-se em um líder que é gestor de talentos, focado em direcionar e desenvolver a equipe, não é mais uma escolha, é uma necessidade para se manter competitivo no mercado, gerar resultados sustentáveis e crescer.

POR QUE PENSAR ESTRATEGICAMENTE SOBRE PESSOAS É ESSENCIAL NA GESTÃO E NA PERFORMANCE?

A baixa produtividade e a alta rotatividade impactam a sua rotina? Esse é um desafio comum. Segundo dados da *Forbes*, 72% da força de trabalho no Brasil não se sente envolvida com o emprego – globalmente, apenas 23% se diz engajada.[18] Entre os principais motivos estão a falta de reconhecimento e a remuneração abaixo das expectativas. Isso gera vínculos frágeis que reduzem o comprometimento e afetam diretamente a competitividade.

Para enfrentar esse desafio, muitas empresas têm investido no chamado salário emocional – que, em essência, representa benefícios intangíveis capazes de promover bem-estar e fortalecer o vínculo com os colaboradores. Isso porque flexibilidade, valorização, reconhecimento

---

18 ROBINSON, B. Muito além do dinheiro: conheça a nova tendência do "salário emocional". **Forbes**, 10 mar. 2025. Disponível em: https://forbes.com.br/carreira/2025/03/muito-alem-do-dinheiro-conheca-a-nova-tendencia-do-salario-emocional. Acesso em: 22 ago. 2025.

e um ambiente de trabalho saudável podem ter mais impacto do que um simples aumento salarial.

No entanto, reter talentos vai além de oferecer boas condições de trabalho. Qualidade do produto ou serviço, logística de entrega, capacidade produtiva, fluxo de caixa e captação de clientes são preocupações legítimas e importantes, mas nada disso se sustenta sem uma equipe forte, alinhada e comprometida.

O verdadeiro crescimento de uma empresa depende das pessoas que estão por trás da operação, garantindo que tudo funcione de modo eficiente e estratégico. Ou seja, é preciso olhar além da atração e da retenção de talentos. É preciso construir relações profissionais consistentes, conscientes e sustentáveis, que suportem o crescimento da empresa no longo prazo.

Eu sei que você sabe disso e deseja ter esse time coeso, comprometido com o resultado e alinhado ao propósito da empresa, e há um caminho que pode ajudá-lo a alcançar essa conquista. Agora que as causas estão à vista, o próximo passo é transformar essa leitura em decisões mais conscientes e acertadas.

4

A LIDERANÇA COMO FORÇA DE TRANSFORMAÇÃO: DO PAPEL DE LÍDER À MISSÃO DE FORMAR TALENTOS

Você sabe qual é a definição de um líder e de um gestor de talentos? Basicamente, a diferença entre eles está no foco da atuação de cada um, embora ambas as funções possam se complementar.

Um líder:

- inspira e influencia pessoas para que alcancem objetivos comuns;
- atua no dia a dia da equipe, garantindo engajamento e desempenho;
- foca motivação, cultura e desenvolvimento humano;
- é responsável por criar um ambiente onde as pessoas querem crescer e contribuir.

Um gestor de talentos:

- seleciona, desenvolve e retém os melhores profissionais para a empresa;
- trabalha estrategicamente para alocar as pessoas certas nos lugares certos;
- garante que os colaboradores tenham oportunidades de crescimento na empresa;
- usa dados e planejamento para mapear sucessões e potencializar o capital humano.

Quando um líder também é um gestor de talentos, não apenas motiva e guia a equipe; ele atua estrategicamente para desenvolver e reter talentos, garantindo que os profissionais tenham espaço para evoluir e gerar impacto real para o negócio.

Eis o grande desafio: a sua liderança está pronta para deixar de apenas conduzir e começar a formar talentos?

Um líder pode ser um gestor de talentos, mas nem todo gestor de talentos é um líder capaz de guiar uma equipe. Já é sabido que pessoas são um dos maiores (se não o maior) desafios enfrentados pelas empresas atualmente, sejam relacionados à contratação (de colaboradores e fornecedores), seja na retenção de talentos. Mas e se o maior desafio não for apenas encontrar as pessoas certas, e sim fazer as escolhas certas sobre elas?

O LÍDER NO MEIO: PRESSÃO POR TODOS OS LADOS

Costumo dizer que o líder é o "meio do sanduíche", porque sofre pressão de todos os lados: da diretoria, do mercado, da concorrência, dos clientes, da área produtiva e do próprio time. Ainda assim, precisa estar emocionalmente bem. Porém, sabemos que essa não é a realidade. De acordo com a Sandbox, empresa especializada no setor de Saúde, desde 2022 o consumo de ansiolíticos e remédios para dormir aumentou expressivamente.[19] Diagnósticos de estresse e até afastamentos por burnout têm se tornado cada vez mais frequentes. Ou seja, a rotina de uma liderança é desafiadora, e muitos profissionais não querem mais entrar nesse jogo.

Com essa realidade e pressão sofrida, tem aumentado o número de profissionais que declinam ofertas e promoções internas. O motivo? Evitar a sobrecarga de trabalho, já que a prioridade passou a ser a

---

19 OLIVEIRA, B. Uso de remédios para saúde mental aumenta 18,6% nos últimos dois anos, diz estudo. **R7**, 10 out. 2024. Disponível em: https://noticias.r7.com/saude/uso-de-remedios-para-saude-mental-aumenta-186-nos-ultimos-dois-anos-diz-estudo-10102024. Acesso em: 22 ago. 2025.

qualidade de vida. Estão errados? Difícil dizer. Muitos cresceram vendo pais e familiares ausentes, adoecidos pela dificuldade de encontrar equilíbrio, "dando a vida" ao trabalho.

Por outro lado, não é raro ouvir gestores e empreendedores desabafando sobre os desafios da liderança e da gestão de pessoas. Alguns afirmam que muitos profissionais se limitam a ser "funcionários": fazem apenas o mínimo exigido, não assumem protagonismo no próprio desenvolvimento e ainda culpam a empresa pela falta de crescimento.

É uma linha tênue, eu sei. O desafio é encontrar o equilíbrio e priorizar o que realmente importa.

Agora, imagine se, em vez de assumir todas essas pressões sozinho, o líder tivesse um time bem estruturado para sustentar esse crescimento. Essa é a diferença entre um empresário que faz tudo e um gestor que desenvolve pessoas.

O GRANDE DESAFIO É DECIDIR BEM SOBRE PESSOAS

Para entendermos o que realmente importa, precisamos ter clareza e revisar alguns pontos indispensáveis no processo de transformação do papel da liderança.

1. Se queremos líderes preparados e engajados, precisamos repensar as estratégias para tornar os cargos de gestão mais atraentes e menos desgastantes. A responsabilidade por um ambiente de trabalho saudável e sustentável não pode recair apenas sobre os profissionais. Afinal, quem vai querer assumir uma posição que significa mais pressão, mais cobrança e pouco suporte? Se a liderança é vista como um fardo, algo precisa mudar.

2. É urgente criar condições reais para que esses profissionais queiram crescer, tenham suporte e consigam equilibrar resultados com qualidade de vida. Um time forte não nasce do acaso; é construído por meio de escolhas bem-feitas e estratégias que priorizam o desenvolvimento de talentos.

Então quem está decidindo sobre quem lidera? Se a responsabilidade é grande, as escolhas precisam ser ainda mais criteriosas, certo? Não basta promover alguém apenas pelo tempo de casa ou contratar somente pelo desempenho técnico registrado no currículo. Um líder mal escolhido amplia os desafios, mas um líder bem-preparado transforma o ambiente, equilibra as demandas e garante que as pessoas certas estejam nos lugares certos.

Decidir bem sobre pessoas em todas as etapas e em todos os cargos é o que define o sucesso ou o fracasso da equipe.

AS ESCOLHAS QUE DEFINEM O FUTURO DO SEU NEGÓCIO

Um processo decisório exige atenção ao papel do líder, afinal os resultados são diretamente impactados por quem conduz essa jornada. Sendo assim, você, como líder, já parou para refletir sobre os seus próprios pontos cegos? Falamos anteriormente sobre os pontos cegos nas decisões, mas você já pensou naqueles que são seus, pessoais? Eles podem estar interferindo diretamente nas escolhas que você faz.

Muitos desses pontos cegos surgem da falta de tempo e de preparo ou do acúmulo de responsabilidades, o que compromete a presença plena e a capacidade de perceber o que não é dito. Em outros casos, o desafio está na imparcialidade: cada um carrega a própria história, formada por experiências, crenças e filtros, e tudo isso influencia (muitas vezes de modo sutil) as decisões do dia a dia.

E mais: o corpo fala. A linguagem invisível do líder pode, sem querer, comunicar algo bem diferente do que ele de fato deseja transmitir. Pode demonstrar insegurança, pressa, impaciência e até mesmo resistência, impactando diretamente a maneira como a equipe recebe e responde às decisões dele.

DE EMPRESÁRIO QUE FAZ TUDO PARA LÍDER QUE DESENVOLVE PESSOAS: A MUDANÇA NECESSÁRIA

Eu sei, ninguém constrói um negócio do zero sem colocar a mão na massa. No começo, é você quem resolve tudo: contrata, vende, negocia, opera, apaga incêndios... no meio disso, ainda precisa liderar. Mas chega um momento em que essa maneira de conduzir o negócio deixa de funcionar, pois quanto mais a sua empresa cresce, mais insustentável fica tentar carregar tudo sozinho.

A virada acontece quando você entende que não precisa (nem deve) fazer tudo. Você sai do papel de quem centraliza tudo e assume o papel de quem forma, confia e desenvolve pessoas. Delegar é confiar. É construir autonomia e fortalecer o time. E aí, tudo começa a fluir.

Desenvolver pessoas também exige decisões difíceis. Por exemplo: sabe aquele colaborador de longa data, em quem você confia, mas que entrega apenas o mínimo? Você insiste em mantê-lo na equipe pela lealdade ou faz uma demissão estratégica para elevar o nível do time? Isso também é liderança, também é decidir bem sobre pessoas, com foco na real necessidade do negócio.

É por isso que empresários não podem terceirizar completamente a decisão sobre pessoas. Por mais que a sua empresa tenha um departamento específico para gerir pessoas, a decisão final (para contratar, promover ou demitir) deve ser sua, no papel de gestor.

Problemas surgem quando empresários tentam se distanciar completamente das decisões relacionadas às pessoas. Independentemente da estrutura empresarial, todos enfrentam o desafio de manter uma cultura de alta performance e tomar decisões rápidas e certeiras sobre pessoas. Então, não há como atribuir a responsabilidade de atrair, reter e promover talentos a um setor específico. O **gestor de talentos** precisa participar dessa tomada de decisão.

Delegar as responsabilidades relacionadas ao fator humano pode gerar desafios significativos, como a perda de controle dos processos essenciais. Entre os principais impactos, destacam-se:

- **Conexão enfraquecida**: sem proximidade no time, os laços se rompem, a cultura perde força e pequenos conflitos, antes gerenciáveis, crescem sem controle. O resultado é um time desalinhado e desmotivado e uma liderança que perde o controle do próprio negócio.
- **Risco de contratar ou promover quem não se encaixa na cultura da empresa**: enfraquece a equipe, desalinha os objetivos e compromete o crescimento do negócio.
- **Perda de controle sobre o que realmente faz a empresa crescer**: sem acompanhar de perto a equipe, fica mais difícil tomar decisões que melhorem os resultados e a inovação.

Embora terceirizar decisões sobre pessoas possa trazer benefícios imediatos, no curto prazo é fundamental que os líderes continuem envolvidos nessas escolhas. Esse equilíbrio ajuda a preservar a cultura da empresa, bem como identificar e desenvolver talentos.

ENXERGAR ALÉM DO CURRÍCULO E DAS ENTREVISTAS

Líderes, empreendedores, empresários e gestores têm o mesmo desafio: gerir pessoas com propósito, alinhando talentos à busca por resultados e à alta performance. Sabemos que isso nem sempre é simples, muito menos acertado. Fazer todos caminharem na mesma direção, com foco e objetivo comum, é uma tarefa complexa; afinal, estamos lidando com pessoas, e cada uma tem os próprios sonhos, expectativas e projetos de vida, os quais, muitas vezes, não coincidem com os planos e as metas da sua empresa.

É por isso que formar líderes preparados para enxergar além do currículo e das respostas ensaiadas das entrevistas padrão é uma das competências mais estratégicas no cenário atual. Saber ler a história de uma pessoa por meio das expressões corporais é acessar a verdadeira essência dela. É compreender forças, vulnerabilidades, padrões de crenças e identificar se há coerência entre o que ela diz e o que realmente expressa.

Mais importante ainda é descobrir se existe sinergia de propósito entre as partes, seja durante um processo seletivo, seja na gestão da equipe, seja para provocar turnover em determinadas áreas, buscando sempre a melhoria do desempenho da empresa por meio das pessoas.

TODOS NA MESMA DIREÇÃO

O primeiro passo é olhar com profundidade e racionalidade para o perfil que está contratando ou promovendo. O segundo é avaliar se essa pessoa tem potencial para liderar e se transformar em um gestor de talentos.

Foi a partir dessas perguntas que eu criei a metodologia Leitura do Invisível, que foi desenvolvida ao longo de anos de prática e já testada e comprovada por clientes em todo o Brasil. Nos próximos capítulos, vamos trabalhar como essa abordagem transforma percepções sutis em decisões estratégicas e assertivas.

"Iraci, isso é mais uma coisa que vai me tomar tempo no dia a dia?". Respondo: sim e não!

Para muitos líderes, incorporar a ferramenta da Leitura do Invisível no dia a dia ainda é como navegar em um mar desconhecido; e, nesse oceano de informações, a visão nem sempre está clara. Gestores lidam com inúmeras atribuições no dia a dia e frequentemente focam resultados imediatos. Por isso, acabam decidindo com base no que é dito ou considerando apenas habilidades técnicas e experiência, ignorando o peso das competências comportamentais.

Para provar a urgência de aprender a ler o invisível, pesquisei com clientes os reais motivos das demissões. A revelação foi de que 95% das decisões tomadas apenas com base em competências técnicas acabam em 90% das demissões. Agora, responda: quem está ensinando os líderes a decidir bem sobre pessoas? Quem está preparando os empreendedores para enxergar além do óbvio? A resposta é simples: quase ninguém.

COMO PEQUENAS E MÉDIAS EMPRESAS DECIDEM SOBRE PESSOAS

A decisão sobre pessoas é um dos maiores desafios para qualquer empresa, mas, nas pequenas e médias companhias, isso se torna ainda mais evidente. Muitas vezes sem ter um departamento de pessoas estruturado, o próprio empresário assume essa função sem perceber. É ele quem recruta, contrata, treina, motiva, avalia desempenho e, quando necessário, desliga funcionários.

Será que essa gestão está sendo feita de modo estratégico? Toda empresa tem particularidades, e é importante levar isso em conta. Não existe uma fórmula única para atrair e reter talentos, mas existem caminhos mais eficazes para tornar a empresa mais atrativa e, ao mesmo

Não existe uma fórmula única para atrair e reter talentos, mas existem caminhos eficazes para tornar a empresa mais atrativa.

tempo, sustentável no longo prazo. Pequenas empresas enfrentam dificuldades para atrair talentos porque talvez estejam focando aspectos que já não são prioridade para a nova geração de profissionais.

Mais do que treinar líderes, é fundamental considerar a mentalidade de quem está à frente do negócio. Ao longo da minha jornada, tenho identificado dois comportamentos muito distintos quando o assunto é gente.

1. O empresário refém do controle

Esse perfil costuma ter histórico de frustrações com contratações, por isso desenvolve um receio profundo de confiar plenamente em uma equipe. Para minimizar riscos, tenta automatizar ao máximo os processos e depender o mínimo possível das pessoas, acreditando que elas trazem mais problemas do que soluções. Essa postura, embora compreensível diante de experiências negativas, geralmente leva a dois caminhos recorrentes:

a) Contrata apenas membros da família, acreditando que isso garante mais controle, lealdade e confiança;
b) Tem dificuldade em atrair bons profissionais, então recorre a contratações emergenciais, sem planejamento estruturado e sem investir no desenvolvimento da equipe, pois acredita que o crescimento profissional é responsabilidade exclusiva do colaborador.

Há uma variação importante dentro desse mesmo grupo: o empreendedor que evita crescer. Ele sabe que, ao expandir, terá que contratar mais pessoas, e isso gera receio. O medo da complexidade que envolve a gestão de pessoas o paralisa, então o negócio fica travado, não por falta de mercado ou de oportunidades, e sim por uma crença limitante sobre pessoas e liderança.

2. O empresário construtor

O empresário construtor é aquele que entende, na prática, que ninguém constrói uma empresa sozinho. Ele se arrisca, contrata, desenvolve a equipe e aposta no crescimento conjunto. Não enxerga as pessoas como um risco, mas como o maior ativo estratégico do negócio. Por isso, investe tempo, energia e recursos na capacitação dos profissionais, mesmo sabendo que, ao fazer isso, pode estar formando talentos que, no futuro, serão cobiçados pelos concorrentes. Mas isso não o paralisa. Pelo contrário, ele sabe que desenvolver pessoas é também desenvolver a própria empresa.

Esse perfil encara a gestão de pessoas como parte essencial da estratégia de crescimento, e não como um problema a ser contornado. Ele compreende que, ao criar um ambiente estruturado, com espaço para desenvolvimento e reconhecimento, a empresa se torna mais competitiva, atrativa e sustentável no longo prazo. Enquanto o empresário refém do controle paralisa o crescimento por medo, o empresário construtor o acelera, porque confia no poder de formar e multiplicar talentos.

Em qual categoria você está? Identificou-se com algum desses perfis? Ou percebeu que está no meio do caminho entre eles? Não importa exatamente onde você está agora. O que de fato importa é para onde você quer ir, porque, no cenário atual, a grande pergunta que todo empresário precisa se fazer é: como romper a bolha e tornar a empresa atrativa para bons profissionais?

Em um mercado em que os talentos escolhem onde querem estar, ser uma empresa desejada vai muito além de oferecer um bom salário. É preciso construir cultura, clareza, propósito e oportunidades reais de crescimento. A resposta está menos em salários altos ou benefícios sofisticados e mais no posicionamento da empresa, na experiência que ela entrega e no vínculo que cria.

O CONTRATO EMOCIONAL: A CLÁUSULA INVISÍVEL QUE SUSTENTA O EMPREGO DO FUTURO

Se o salário emocional já mostra que as pessoas buscam mais do que remuneração, o contrato emocional aprofunda ainda mais esse vínculo: é ele que, mesmo sem estar formalizado, define quem permanece, quem entrega e quem se engaja de verdade. Isso porque se baseia em respeito, reconhecimento, cuidado e sentido e influencia diretamente três pilares da saúde organizacional: permanência, produtividade e bem-estar emocional. Mesmo sem ser formalizado, o efeito que gera é real e inegável.

Há muitos dados que confirmam que os afastamentos por causas emocionais crescem ano após ano, e não só no Brasil. O Instituto Nacional de Segurança e Saúde no Trabalho da Espanha aponta os riscos psicossociais como uma das principais ameaças à sustentabilidade organizacional.[20] Ou seja, não basta mais perguntar "o que essa pessoa entrega?". A pergunta deve ser: "Em que condições ela está entregando?".

O alerta é claro: as pessoas buscam mais do que um emprego, buscam pertencimento, sentido e humanidade. Elas querem estar em lugares onde sejam vistas, e não apenas cobradas. Do lado da empresa, é

---

20 INSTITUTO NACIONAL DE SEGURIDAD E HIGIENE EN EL TRABAJO – INSST. **Ergonomía y Psicosociología Aplicada**, abr. 2025. Disponível em: https://www.insst.es/documents/94886/4155701/Tema%2B11.%2BEfectos%2Bde%2Bla%2Bexposici%C3%B3n%2Ba%2Bfactores%2Bde%2Briesgo%2Bpsicosocial.pdf. Acesso em: 22 ago. 2025.

preciso entender se a pessoa se sente valorizada, respeitada e conectada ao que faz.

E não se trata de criar mais uma política interna, mas de garantir que o ambiente de trabalho seja um espaço onde as pessoas queiram estar. Quando isso acontece, elas permanecem, crescem e entregam o melhor. Por isso, organizações que desejam prosperar no longo prazo precisam encarar a saúde emocional como um pilar estratégico, e não como um benefício esporádico.

O trabalho do futuro será digital, híbrido e automatizado, mas, para dar certo, precisará ser mais humano do que nunca. E é nesse cenário que se destaca quem sabe decidir bem sobre pessoas, porque enxerga além das competências; enxerga o que sustenta o vínculo e constrói resultados que permanecem.

DECISÕES QUE MUDAM O JOGO

A Leitura do Invisível ganha força em três momentos decisivos: contratar, promover e demitir. Nessas escolhas, encontra o terreno natural de aplicação, moldando o crescimento do negócio, a união do time e a posição da empresa diante do mercado.

1. Quem contratar e por quê

Tenho um lema que repito sempre: demore para contratar, mas seja rápido ao desligar.

Outro princípio fundamental é: se você tem muitas dúvidas em uma contratação, siga com o processo seletivo até ter certezas, pois o "sim" precisa ser claro e inquestionável.

Para decidir bem, é essencial estar consciente dos seus pontos cegos e manter o foco na identificação das habilidades comportamentais, no *fit* cultural e na sinergia de propósito com a empresa.

E lembre-se de que a decisão final sobre quem contratar deve ser sempre do líder imediato. Para que o processo seja mais acertado, planeje as etapas com todos os envolvidos, garantindo que o perfil comportamental esteja claro, alinhado e que todos estejam avaliando os mesmos critérios e olhando na mesma direção. Afinal, um processo seletivo bem estruturado é como um barco em alto-mar: se cada um rema para um lado, a equipe não sai do lugar, mas, quando todos têm o mesmo objetivo, o destino certo se torna inevitável.

2. Quem promover e por quê

Essa é uma decisão que deve ser tomada de maneira estratégica, preferencialmente em conjunto com o setor de Pessoas. Acima de tudo, deve estar baseada em avaliações concretas de desempenho e nas competências comportamentais exigidas pelo cargo.

Nunca promova alguém apenas pelo tempo de casa ou por ser tecnicamente o profissional mais qualificado. Liderar exige muito mais do que saber fazer; exige saber conduzir, ouvir, comunicar, inspirar.

Mantenha-se imparcial. O erro mais comum é querer encaixar uma pessoa no cargo, quando deveria ser o contrário: é a pessoa que precisa estar pronta para ocupar a função que, como ela, é necessária para a empresa e para o time.

Pessoas que se sentem vistas crescem. Pessoas que se sentem valorizadas permanecem. E pessoas certas nos lugares certos fazem a empresa avançar.

3. Quem desligar e quando

Saber quando e como abrir mão de quem não está alinhado ao time e à empresa é um dos maiores desafios da liderança, assim como uma das decisões mais necessárias. Muitas vezes, provocar um turnover é saudável e deve ser encarado como uma ação estratégica, não como fracasso.

O processo de desligamento deve ser construído ao longo do tempo, com feedbacks constantes e transparentes, sempre deixando claro quando os resultados ou comportamentos estiverem abaixo das expectativas (mais adiante, veremos o passo a passo para fazer uma demissão, então fique tranquilo).

Se um colaborador for pego de surpresa pela demissão, algo falhou no processo, salvo em casos de reestruturação ou fatores externos à performance dele. Uma demissão não deve ser uma surpresa, e sim uma consequência.

Não importa o tamanho da sua empresa ou da sua equipe. As técnicas que veremos nos próximos capítulos exigirão dedicação no início, mas logo se mostrarão transformadoras. A Leitura do Invisível será a sua guia nas decisões sobre pessoas – em processos seletivos, promoções e até na escolha de fornecedores.

Se você deseja novos resultados, precisa estar disposto a fazer novos movimentos.

5

PESSOAS CERTAS NO LUGAR CERTO: PROPÓSITO OU FRACASSO

Um processo de decisão sobre pessoas começa muito antes de a vaga ser divulgada ou de a primeira entrevista acontecer. Ele começa no momento em que o líder (ou quem está à frente da decisão) para e se pergunta, com honestidade: "Estou preparado para escolher alguém que vai construir comigo o futuro dessa empresa?".

Lembro de quando fui chamada para acompanhar a etapa final da escolha de um novo diretor para uma empresa. A descrição da vaga era ótima. Buscavam alguém com energia, visão de futuro, foco nos resultados e brilho nos olhos: um profissional capaz de somar ao time e sustentar o crescimento. Mas o que encontrei naquele dia estava bem distante do discurso.

A entrevista final foi realizada na sala de reunião da empresa, com a presença do CEO e de outros dois diretores. O ambiente estava carregado, com a mesa tomada por papéis e um celular que vibrava insistentemente. A diretoria, visivelmente desalinhada, não demonstrava clareza sobre os requisitos da vaga. Cada um olhava para um lado, as perguntas eram feitas de maneira solta, sem um direcionamento, como se estivessem conduzindo entrevistas diferentes.

Havia uma inquietação disfarçada no ar, uma sensação de urgência mal-resolvida. Copos de café e água eram enchidos e esvaziados o tempo todo, em uma tentativa quase inconsciente de disfarçar a falta de foco. Corpos fechados, olhares distantes. Ninguém estava presente de fato, não houve escuta de verdade. Faltava conexão, faltava intenção. E foi inevitável pensar: será que esses diretores percebem o que estão realmente comunicando? Será que entendem o peso da postura, do tom de voz, da comunicação invisível nesse momento?

Antes de olhar para o outro, é preciso olhar para si e fazer uma autoanálise sincera, porque as decisões mais equivocadas não nascem da falta de currículo ou técnica; elas nascem dos nossos próprios pontos cegos.

Neste capítulo, quero destravar em você a coragem de se observar, de reconhecer o que você, como líder ou gestor, está comunicando no corpo, na fala, nas entrelinhas. Vamos falar sobre a sua jornada, as raízes por trás das suas escolhas e os critérios que sustentam uma boa decisão sobre pessoas.

Na dinâmica da Leitura do Invisível, ouvir o que não é falado e entender o que não está sendo dito é um grande diferencial competitivo. Porém, é muito mais do que ler; é sentir e perceber o que não está sendo dito com palavras.

O estudo da linguagem corporal remonta à Antiguidade, mas começou a ganhar base científica no século XX. Charles Darwin foi um dos primeiros a abordar o tema, em 1872, ao explorar expressões faciais universais em humanos e animais.[21] Já na década de 1950, o antropólogo Ray Birdwhistell aprofundou o estudo da cinésica, analisando como gestos e movimentos complementam a comunicação verbal.[22] Nos anos 1960 e 1970, Paul Ekman trouxe evidências de que emoções básicas, como alegria e raiva, são expressas de maneira semelhante em diferentes culturas.[23] Na mesma época, Albert

21 DARWIN, C. R. **The Expression of the Emotions in Man and Animals**. London: John Murray, 1872. Disponível em: https://darwin-online.org.uk/content/frameset?itemID=F1142&pageseq=1&viewtype=text. Acesso em: 22 ago. 2025.

22 MATHIAS, M. Is Body Language Universal? **Britannica**. Disponível em: https://www.britannica.com/story/is-body-language-universal. Acesso em: 22 ago. 2025.

23 EKMAN, P. Facial Expression and Emotion. **American Psychologist**, v. 49, n. 4, p. 176–379, 1993. Disponível em: https://sanlab.psych.ucla.edu/wp-content/uploads/sites/31/2016/03/Ekman-American_Psychologist_1993.pdf. Acesso em: 22 ago. 2025.

Mehrabian desenvolveu a teoria da comunicação não verbal, mostrando que o impacto de uma mensagem vai além das palavras, com tom de voz e postura desempenhando papéis fundamentais. Ele sugeriu que, em certas situações, apenas 7% da comunicação vêm das palavras, enquanto 38% vêm do tom de voz e 55% vêm da linguagem corporal (a famosa regra 7-38-55).[24]

Eu sei da sua preocupação, já que a linguagem corporal é alvo de questionamentos justamente por não ter um código universal, como acontece com a linguagem verbal. Mas é justamente aí que mora a força dela.

O que funciona em um contexto pode ter um significado completamente diferente em outro. Um mesmo gesto pode indicar confiança para algumas pessoas e arrogância para outras, dependendo da cultura, do ambiente e até da situação emocional de quem está interpretando.

Além disso, muitos estudos sobre o tema são baseados em observação e interpretação, o que dificulta a replicabilidade. É por isso que algumas teorias, como a detecção de mentiras pela expressão facial ou a ideia de que 55% da comunicação vêm da linguagem corporal, acabam sendo mal interpretadas se usadas de modo isolado ou simplista.

Apesar disso, essa linguagem invisível funciona. O cérebro capta sinais não verbais e reage a eles o tempo todo, muitas vezes sem que a gente perceba. O segredo está em não isolar os gestos; é preciso analisá-los no contexto, incluindo segmentos como tom de voz, tensões no corpo, expressões corporais e outros detalhes que veremos mais adiante.

---

[24] MEHRABIAN, A.; WIENER, M. Decoding of Inconsistent Communications. **Journal of Personality and Social Psychology**, v. 6, n. 1, p. 109–114, 1967. Disponível em: https://doi.org/10.1037/h0024532. Acesso em: 22 ago. 2025.

O QUE A SUA LINGUAGEM CORPORAL ESTÁ COMUNICANDO?

Somos seres imperfeitos, mas nem sempre enxergamos essa realidade. No mundo corporativo, essa ilusão nos leva a uma busca incessante pelo colaborador perfeito, aquele que supostamente atenderá a todas as expectativas desde o primeiro dia. No entanto, essa mentalidade pode nos impedir de reconhecer talentos com grande potencial de crescimento, deixando passar profissionais que, com o ambiente e as oportunidades certas, poderiam se tornar exatamente aquilo que buscamos.

Quando falamos em um mercado dinâmico e competitivo, seja para contratação, seja para retenção de talentos, o que comunicamos conta – e muito!

POSTURA DE APRENDIZ: BAIXE A GUARDA

Recentemente, comecei a praticar muay thai por recomendação terapêutica. Nas primeiras aulas, me sentia desconfortável quando era corrigida. Ao mesmo tempo, pensava: *preciso aprender, preciso me colocar na posição de aprendiz*. Porém, assumir esse papel não é tão simples. Depois de alguns dias, quando finalmente baixei a guarda, depois de passar a aula toda batendo e tentando evitar os golpes, comecei a entender a dinâmica. Aprender algo novo nem sempre é confortável, mas, quando se percebe a evolução, fica mais fácil se permitir.

Eu nunca tinha praticado esse tipo de luta, não sabia nada, mas, de alguma maneira, achava que já sabia. Enquanto insisti nessa ilusão, não saí do lugar. Esse exemplo também vale para você, gestor. Sempre que quiser transformar um hábito ou comportamento, leve essa prática primeiro para o corpo. É o que chamamos de corporificar a experiência. Por exemplo, quando precisar de mais energia para realizar uma tarefa ou estiver com uma demanda que exige foco e atenção, intensifique os exercícios (ou movimentos) físicos, pois isso elevará o seu nível de energia e trará você para o momento presente.

O que isso tem a ver com o assunto? Quando tentei aprender sem realmente me abrir para o aprendizado, não consegui avançar. Eu achava que já sabia o suficiente, mas, enquanto resistia às correções, ficava travada no mesmo lugar. Só quando aceitei ser aprendiz comecei a evoluir de verdade.

Com a Leitura do Invisível acontece o mesmo. Muitos líderes acreditam que já sabem contratar, avaliar talentos e entender pessoas, mas, se não estiverem dispostos a baixar a guarda e aprender uma nova maneira de olhar para isso, continuarão cometendo os mesmos erros de sempre. Somente quem se permite ser aprendiz é capaz de enxergar além do óbvio e decidir de forma estratégica sobre pessoas.

RISCOS QUE DISTORCEM A DECISÃO

Antes de avançarmos, pergunto: quem ensinou você a fazer entrevistas e a decidir bem sobre pessoas? Muitos líderes desenvolvem habilidades de gestão de modo intuitivo, sem um método estruturado ou um olhar crítico sobre as próprias práticas. E é justamente aí que os problemas no processo e as falhas na formação do decisor aparecem. Na maioria das vezes, eles estão presentes sem que se perceba e interferem diretamente na qualidade das decisões, afetando o desempenho da equipe e o crescimento do negócio no médio e longo prazo.

Esses problemas se infiltram no processo sem que você perceba e se manifestam de diferentes modos. Vamos começar pelo primeiro:

1. Falta de direção estratégica

a) **Não definir bem o perfil da vaga**: se você não sabe exatamente o que está buscando, como vai identificar o candidato

certo para contratar ou promover? Pergunte-se: quais são os requisitos realmente imprescindíveis para o cargo? Considere tanto os aspectos técnicos quanto os comportamentais.
Eleja três ou quatro requisitos que sejam realmente inegociáveis, porque exagerar nas exigências só torna interminável a busca pelo "candidato ideal" – e todos sabemos que ele não existe.

b) **Focar apenas o currículo**: habilidades técnicas importam, mas contratar considerando só o currículo é um erro clássico. Sem avaliar o comportamento e o alinhamento cultural, o risco de fazer uma escolha errada aumenta muito. Lembre-se: cerca de 95% das demissões acontecem por questões comportamentais, não técnicas. Por isso, a sua maior atenção deve estar nos requisitos comportamentais e no *fit* cultural.
Mas atenção: contratar alguém alinhado com a cultura e não investir no desenvolvimento técnico não resolve o problema. Dedique tempo para treinar e preparar esse profissional. É assim que se forma um talento completo.

c) **Não planejar o processo seletivo**: sem etapas bem-definidas, critérios claros e alinhamento entre todos os envolvidos, a decisão final será inconsistente. Afinal, se cada um buscar habilidades e características diferentes, como garantir um bom resultado? Planejar o processo seletivo significa:

- alinhar com todos os envolvidos no projeto o perfil do que se busca (habilidades técnicas, comportamentais e principais desafios da posição);
- definir quais etapas serão necessárias para identificar essas habilidades;
- estabelecer onde será feita a busca (interna ou externa);
- delimitar o prazo para a conclusão do processo.

Sem esse planejamento, o risco de erro aumenta, e o retrabalho também. Antes de iniciar, defina o que é realmente essencial e o que pode ser desenvolvido. Alinhe com todos os envolvidos, para que sigam na mesma direção, com etapas e prazos bem-definidos. Estabeleça critérios claros de avaliação e lembre-se de que um processo bem-planejado evita retrabalho e fortalece a imagem da empresa.

2. Erros na condução das entrevistas

a) **Fazer perguntas fechadas**: perguntas que só permitem respostas como "sim" e "não" deixam de revelar informações importantes sobre o candidato. Além disso, dificultam a leitura do invisível e tornam a entrevista rasa, pois na maioria das vezes quem mais fala é o entrevistador. Se, ao terminar, você sentir que não conheceu o profissional de verdade, o problema deve estar nas suas perguntas. Reavalie a sua abordagem e abra espaço para o candidato mostrar quem é.

b) **Estar ausente na entrevista**: conferir o celular, pensar em outras tarefas ou agir no piloto automático compromete totalmente a análise e, pior, impede você de perceber o que está além das palavras. Se durante a entrevista a sua cabeça está na próxima reunião ou em um problema na produção ou na equipe, como vai captar os sinais do invisível? Tudo o que distrai nos tira do presente, e com isso a análise fica rasa e cheia de ruídos.

c) **Não aprofundar em respostas desconfortáveis**: se, ao responder, o candidato hesita ou foge de um tema, é um sinal claro de que é preciso explorar melhor, aprofundar, fazer novas perguntas, e não simplesmente ignorar esse desconforto. Mas atenção: nem sempre a fuga vem do candidato. Às vezes, a pergunta é mal formulada ou complexa demais para o momento. Uma regra simples ajuda: você conseguiria responder se essa pergunta fosse feita a você? Evite questões rebuscadas, que confundem mais do que revelam, pois o candidato pode responder mal não por falta de competência, e sim por não compreender o que foi perguntado.

Faça perguntas que incentivem o profissional a falar sobre experiências e desafios reais. Esteja presente, atento à linguagem invisível e às nuances além das palavras. Prefira fazer perguntas abertas, claras e compreensíveis, como em uma conversa genuína e amistosa. Um ambiente acolhedor faz toda a diferença para o candidato se abrir.

3. Falha na experiência do candidato

a) **Abordagem desleixada:** mensagens impessoais, mal-escritas ou enviadas de maneira apressada por aplicativos passam uma imagem negativa da empresa. Textos incompletos geram receio e até desconforto. Em outros casos, o tom agressivo, intimidador ou excessivamente direto desperta desconfiança. Em um cenário em que atrair bons profissionais já é um desafio, cada detalhe da comunicação conta, afinal também somos avaliados o tempo todo. Já vi candidatos recusarem ótimas oportunidades porque a primeira abordagem foi falha e causou má impressão.

b) **Atrasos e desorganização:** se a própria empresa não leva a entrevista a sério, por que o candidato deveria levar? Essa é uma premissa básica, e muitas vezes há erros justamente naquilo que mais exigimos. Salas despreparadas, com ruídos ou interrupções constantes, ligações durante a conversa, atrasos sem justificativa e até o despreparo de quem entrevista (como não ler o currículo do profissional) transmitem desrespeito.

Atitudes como essas geram insegurança e fazem o candidato repensar se realmente vale a pena dedicar a carreira e tentar crescer nesse ambiente de desordem.

c) **Desconhecer as mudanças geracionais**: os profissionais de hoje têm expectativas muito diferentes das gerações anteriores. Ainda vemos empresas enfrentando o desafio da transição geracional tentando contratar o mesmo perfil de dez anos atrás ou usando como referência cases de sucesso de quem construiu uma carreira longa na companhia. Buscam repetir o modelo, mesmo em um mundo que muda o tempo todo. Querem contratar para desenvolver, mas exigem as mesmas qualificações de antes. Pior: gastam energia procurando justificativas no currículo para eliminar o candidato logo de cara, questionando um curso trancado, uma formação não concluída, como se o processo seletivo fosse uma busca pelo "não". É preciso entender que não dá mais para conduzir seleções como fazíamos anos atrás. O jogo mudou. Quem não perceber isso vai perder bons profissionais logo no início do processo.
   Como evitar? Lembre-se de que o processo seletivo é a porta de entrada da empresa. Uma experiência ruim pode afastar talentos e ainda prejudicar a imagem da organização no mercado. Adote uma postura de busca pelo "sim". Esteja aberto a conhecer profissionais que, à primeira vista, não atendam a todos os requisitos. Você pode se surpreender! O currículo de um talento nem sempre estará completo ou livre de erros, mas isso não define o potencial de quem está ali. Dê a oportunidade. O verdadeiro diferencial está em enxergar além do papel.

4. Deixar a emoção dominar a decisão

a) **Escolher apenas por empatia**: esse é um dos erros mais comuns. Sabe aquela frase: "Gostei dele, fui com a cara dele; não sei explicar o porquê, mas vou apostar nele"? Gostar do candidato não significa que ele seja a melhor escolha para a vaga. Afinidade não garante competência nem adequação ao desafio proposto. Esteja atento para não cair na armadilha da linha tênue entre empatia e escolha equivocada. O invisível sempre revela a verdade.

b) **Contratar por urgência**: às vezes não há saída, e a pressa acaba falando mais alto. Mas a urgência pode levar à escolha errada e, depois, ao retrabalho. Se for inevitável contratar rápido, siga com o processo seletivo aberto e continue olhando para o mercado. Assim, você minimiza o risco. Agora, decidir só para encerrar a situação, mesmo com tempo disponível, é uma armadilha. A falta de paciência aumenta a chance de rotatividade e, no fim, o prejuízo é ainda maior.

c) **Deixar-se levar por histórias emocionantes**: decidir com base na afinidade ou em histórias pessoais pode comprometer a objetividade. Sabe aquelas histórias trágicas ou que mexem com a nossa emoção? Se você vai por esse caminho, algo já está errado no processo. Quem nunca contratou um profissional que contou uma história comovente, disse que precisava muito da vaga… e acabou sendo o que mais trouxe dor de cabeça? Empatia é importante, mas a decisão precisa ser técnica. Histórias emocionantes não garantem competência. Tenha critérios claros e bem-definidos para guiar a sua decisão. A empatia é importante, mas precisa caminhar junto da análise técnica e estratégica. Antes de começar, coloque o coração "em modo avião" e mantenha o foco no que realmente importa, que são os requisitos da vaga e o que é indispensável para o cargo. Isso evita escolhas baseadas apenas na emoção e garante mais acertos na decisão.

5. A comunicação invisível do entrevistador

a) **Comunicar desinteresse**: a sua linguagem invisível transmite confiança e entusiasmo ou apatia e pressa? Muitas vezes, estamos cheios de problemas para resolver e nem percebemos que estamos de "cara fechada" ou sérios demais. Só que o candidato não sabe o que está acontecendo e pode interpretar isso como desinteresse ou rejeição ao perfil dele. Esteja 100% presente, não apenas para avaliar, mas porque você também está sendo avaliado. Profissionais desistem quando não sentem uma boa energia ou conexão com quem os entrevista. Além disso, você representa a empresa, e é a imagem da organização que está em jogo.

b) **Não observar a reação do candidato**: aqui se revelam sinais importantes sobre o nível de conforto, interesse e alinhamento com a oportunidade. Se você estiver distraído, como vai perceber o que a comunicação invisível está mostrando? Esses sinais são sutis e, às vezes, duram segundos, por isso a atenção é fundamental. Não perceber por falta de técnica, tudo bem, mas ignorar o que está vendo é um erro grave. Muitos erram na contratação porque preferem fingir que não viram o desconforto ou aquele "sinal de alerta" que apareceu. A sua postura influencia diretamente o candidato. As pessoas tendem a espelhar a energia e a postura do entrevistador, então se mantenha atento, receptivo e profissional o tempo todo. Adote uma postura de atenção intencional, estando presente, concentrado e aberto, mas sem tensão ou rigidez.

Canalize essa atenção especialmente aos momentos em que as perguntas gerarem desconforto, pois é aí que surgem os sinais mais sutis e reveladores.

Por que precisamos estar atentos a tudo isso?

A tomada de decisão sobre pessoas não pode ser baseada em achismos, urgências ou vieses inconscientes. Líderes que entendem os próprios pontos falhos e estão dispostos a aprimorar a própria abordagem tomam decisões mais estratégicas e apropriadas. Se quiser se destacar como líder e fazer contratações que realmente impactem o sucesso da sua equipe, baixe a guarda e esteja disposto a aprender uma nova maneira de olhar para isso.

A linguagem invisível do seu time é um reflexo do ambiente que você cria. Se você está distante, o profissional também se fecha. Se você está presente e receptivo, ele se sente mais confortável para demonstrar o potencial real que tem. Cada profissional que passa por um processo seletivo carrega expectativas, sonhos e uma visão sobre a empresa. O modo como ele é recebido, tratado e avaliado impacta diretamente a marca empregadora e a capacidade da empresa de atrair os melhores talentos.

A raiz por trás das ações

Quanto mais você aprofunda o olhar sobre si e sobre o comportamento humano, mais percebe que a linguagem invisível é a raiz silenciosa por trás de muitas decisões – suas e dos outros. É no que não é dito que moram os verdadeiros motivos das ações, das reações e das conexões ou dos afastamentos entre as pessoas.

Compreender essa linguagem é sair do superficial e transformar cada conversa, reunião ou entrevista em uma leitura mais profunda do que realmente está em jogo. Ter essa consciência afia o olhar para ler o invisível: quanto mais preciso ele se torna, mais acertadas são as decisões sobre pessoas e negócios.

No mundo corporativo, o maior obstáculo para identificar o talento mais adequado nem sempre está nos candidatos; muitas vezes, está no próprio líder. Uma mente sobrecarregada, em modo automático ou tomada por tensões, não percebe sutilezas e ignora sinais importantes presentes na comunicação não verbal. Não há decisões certas sobre pessoas sem clareza emocional e mental de quem lidera. Só enxerga o invisível quem está presente, e só decide com precisão quem consegue silenciar o ruído interno e observar além do óbvio.

Quando estamos imersos em pressões e bloqueios não resolvidos, a nossa percepção se estreita. Passamos a ver o outro por filtros inconscientes, repetimos padrões automáticos e tomamos decisões baseadas no medo, no passado ou na urgência, em vez de avaliarmos a real compatibilidade entre pessoa, equipe e desafio.

Um dos maiores erros nas decisões sobre pessoas é acreditar que só estamos avaliando o outro, sendo que, na verdade, também estamos sendo observados o tempo todo: na postura, no tom de voz, nos gestos. Por isso, a primeira regra é simples e poderosa: esteja presente. Nada de dividir a atenção entre celular, e-mails ou o que ainda precisa resolver. O momento compartilhado com o profissional à sua frente merece total atenção.

Quando estiver em uma entrevista, comece a conversa apresentando a empresa, o projeto e a função em questão. Pergunte se o profissional já conhece a empresa e trate, na profundidade necessária, dos desafios do cargo. Isso aproxima, quebra o gelo e convida o outro para o diálogo. Explique o que ele pode esperar do processo, quais são as etapas e os prazos. A transparência é muito valorizada nesse momento, pois ajuda os profissionais a se sentirem valorizados, seguros e à vontade para se posicionar.

Ao receber o profissional, a maneira como você se apresenta também impacta diretamente qualquer decisão que envolva pessoas, não só em processos seletivos, mas também em conversas difíceis, promoções, alinhamentos e reuniões do dia a dia. A sua presença e postura definem o tom da interação. Por isso, cuide da sua imagem desde o primeiro segundo: postura ereta, ombros relaxados, olhar atento. Um aperto de mão firme e um sorriso sincero transmitem confiança, abertura e criam um campo seguro para o outro falar.

Ao se apresentar, vá além de dizer o seu nome e o seu cargo. Explique, com clareza, o seu papel naquela conversa e o porquê de aquele momento existir. Isso posiciona a sua autoridade de modo natural, sem imposição, mostrando respeito pelo profissional e pelo momento.

Cuide também do tom de voz, porque ele é um termômetro da sua intenção. Uma fala firme, mas acolhedora, transmite segurança e credibilidade. Volume, entonação e ritmo devem reforçar o que você deseja passar: interesse real, respeito e equilíbrio.

Ainda, evite pressa ou a sensação de estar em outro lugar. Quando você transmite isso, o recado que o outro recebe é: "Não sou importante o suficiente para que ele dedique atenção total a mim". Toda decisão que nasce dessa sensação já começa enfraquecida. E aqui precisamos nos lembrar de que o profissional também vai tomar uma decisão para aceitar ou não o cargo – nunca é uma escolha unilateral, porque essa pessoa também precisa dizer "sim" para a posição que pretende assumir.

Acima de tudo, seja humano e inclusivo. Todos nós carregamos histórias, desafios, aprendizados e até traumas. Então, não busque o profissional perfeito, pois ele não existe. Se um dia ele aparecer, desconfie.

No fim, o profissional vai guardar não só as palavras, mas também o modo como você se coloca. A sua postura, a sua energia e a sua atenção plena vão determinar o quanto essa pessoa se sentirá respeitada, valorizada e, principalmente, disposta a caminhar com você na empresa.

A importância da imparcialidade no processo seletivo

O conflito entre razão e emoção é tão antigo quanto a liderança. Muitas decisões se perdem nesse embate porque, sem percebermos, deixamos o emocional pesar mais do que deveria. Quantas vezes você já se arrependeu de uma escolha feita no impulso ou pelo laço emocional? E aquelas noites maldormidas porque você sabia o que precisava ser feito, mas o custo emocional era alto demais? Demitir alguém da família, desligar um colaborador que está há anos na empresa ou até um profissional que entrega resultado, mas não joga junto. Eu sei, são decisões difíceis, já passei por elas.

Quanto maior é o peso da emoção, menor é a clareza da decisão!

Um exemplo comum disso pode ser percebido nas relações afetivas: quando o problema é do outro, parece fácil opinar, pois enxergamos a solução com clareza, e a decisão certa salta aos olhos. Mas quando a situação envolve um amigo ou um familiar, tudo muda; o coração entra na jogada, a visão fica turva, e a decisão se torna tendenciosa. Em empresas, o cenário não é diferente.

O processo seletivo, muitas vezes, parece uma armadilha pronta. Há candidatos que dominam a arte da narrativa trágica e sabem exatamente como tocar o nosso emocional. Chegam carregados de histórias difíceis e de superação, e se resolvemos dar uma chance achando que vai fazer a diferença na vida daquela pessoa, no final, quem se complica somos nós.

Por isso, sempre reforço: se a dúvida se instalou, a resposta já está aí, só falta assumir. Se você insiste em se perguntar se aquela é a pessoa certa, no fundo já sabe que não é. Se a dúvida sobre demitir alguém ronda os seus pensamentos há tempos, a decisão já foi tomada internamente. O que falta é preparo ou disposição para colocá-la em prática. A decisão está clara.

Já quando é a pessoa certa, a decisão vem fácil, limpa, sem ruídos.

No jogo da liderança, imparcialidade não é frieza; é responsabilidade, é fazer o que precisa ser feito com clareza, consciência e compromisso com o todo. Sobretudo, é decidir pelo que a empresa precisa, e não pela história que a pessoa contou.

CRITÉRIOS ALÉM DO CURRÍCULO: VALORES, COMPORTAMENTOS E VISÃO DE FUTURO

Quando o assunto é decidir sobre pessoas, ainda noto muita gente presa ao currículo, à experiência, à estabilidade, à formação, à idade, à estrutura familiar e aos resultados que o profissional já entregou. Tudo isso costuma pesar demais na decisão. Sim, esses pontos importam, mas, se a ideia é construir equipes consistentes e preparadas para o futuro, é preciso ir além.

Porém, a realidade ainda surpreende: 90% das contratações continuam sendo motivadas por questões técnicas.[25] Como esperar resultados diferentes se continuamos contratando com base em currículo, experiência anterior e habilidades técnicas, enquanto ignoramos aquilo que realmente sustenta o desempenho no dia a dia? Muitas empresas ainda reprovam profissionais só porque não encontram uma "palavra-chave" no currículo. Nem se dão ao trabalho de conhecer a pessoa por trás do papel.

Currículo é importante, é claro. Mas ele não mostra caráter, atitude, nem como o profissional reage sob pressão, se comunica ou colabora. Enquanto o foco estiver apenas no que está escrito, vamos continuar

---

25 9 EM CADA 10 profissionais são contratados pelo perfil técnico e demitidos pelo comportamental. **G1**, 18 set. 2018. Disponível em: https://g1.globo.com/economia/concursos-e-emprego/noticia/2018/09/18/9-em-cada-10-profissionais-sao-contratados-pelo-perfil-tecnico-e-demitidos-pelo-comportamental.ghtml. Acesso em: 22 ago. 2025.

contratando o mesmo perfil e errando pelos mesmos motivos. Quantos talentos estamos perdendo por selecionar com os olhos no texto, e não na trajetória?

O que realmente sustenta a relação de uma pessoa com a empresa não é o diploma nem o histórico profissional, e sim quem ela é no dia a dia, os valores que carrega, o alinhamento com a cultura, a capacidade de crescer junto e de sustentar o jogo quando as coisas apertam. No fim das contas, diploma na parede não é o que define se alguém veste a camisa do time, e sim o comportamento diário, a visão de futuro e o quanto enxerga sentido no que está construindo com a empresa.

E é na entrevista que algumas perguntas sempre me rondam: o que pode acontecer de pior ao avaliar esse profissional? Não o aprovar? Investir tempo e perceber que não era o perfil esperado? Pode ser. Mas, na mesma proporção, também é possível encontrar um talento capaz de transformar o crescimento da empresa.

Quando aprendemos a decidir olhando para tudo isso, e não apenas para o currículo, as chances de acertar aumentam, e muito! O que você prefere? Seguir contratando pelo que é fácil medir ou aprender a enxergar o que realmente importa? Tudo é risco. Empreender é risco, inovar é risco. Mas montar um time de verdade é o maior deles, e só os corajosos, dispostos a evoluir, se arriscam.

PRÁTICAS INTEGRATIVAS NAS CONTRATAÇÕES

Em vinte anos de carreira, uma coisa ficou muito clara para mim: quanto mais diverso e aberto for o seu processo de recrutamento, maior será a chance de encontrar o profissional certo, aquele que entrega, se conecta e cresce com a empresa.

Não podemos esperar resultados diferentes usando os mesmos filtros de sempre. Abrir o “funil de entrada” é o primeiro passo para fazer escolhas mais conscientes e alinhadas à realidade do negócio. Na prática, vejo muitas empresas limitando demais o funil logo no início.

Imagine a cena: você recebe dez currículos, mas só três têm a experiência técnica exatamente como pede a descrição da vaga. Então você decide chamar apenas esses três para o processo. E o que acontece? Não raras vezes, o processo precisa ser refeito. Por quê? Porque o mercado de trabalho mudou, os profissionais se recolocam rápido, outros recusam a vaga porque o salário não compensa, os benefícios não atraem ou a distância inviabiliza. Resultado? Aquele grupo restrito que você escolheu já não está mais disponível ou simplesmente não se encaixa. O filtro foi tão apertado que você perdeu boas possibilidades logo no começo.

É por isso que sugiro que você pare de procurar o "não" nos currículos e comece a buscar o "sim" nas possibilidades.

Muitas empresas ainda eliminam candidatos por não encontrar exatamente o que buscam tecnicamente e esquecer de olhar para o potencial de desenvolvimento. Não seja essa empresa!

Então, como começar a tornar o recrutamento mais inclusivo? A verdade é simples: quanto mais você restringe o início do processo, mais difícil é acertar no final. Por isso, está na hora de mudar a lógica.

Aqui vão algumas sugestões práticas para começar:

1. **Se o currículo deixou dúvida, converse com a pessoa**: a dúvida já é um sinal, então vale a pena conhecer o profissional. Muitas vezes, o potencial não está escancarado no papel, mas aparece na conversa.
2. **Quando não for possível chamar todos os candidatos, crie uma etapa inicial mais inclusiva**: lembre-se de que o currículo nem sempre traduz o profissional com fidelidade. Um bom filtro inicial, como um formulário com perguntas

estratégicas ou um vídeo curto, já pode revelar muito além do papel. Ampliar a escuta é ampliar as chances de acerto.

3. **Na hora da entrevista, lembre-se de que você não está só avaliando, está vendendo um sonho**: o profissional precisa sentir entusiasmo, clareza e propósito desde o primeiro contato.
4. **Seja gentil e objetivo na abordagem, especialmente por mensagem**: ao se apresentar, diga o seu nome, qual é a empresa que representa e que cargo ocupa. Explique como teve acesso ao currículo, fale brevemente da vaga e sugira uma data e um horário para entrevista. Abordagens bem-feitas criam conexão, e mensagens diretas têm se mostrado mais eficazes que ligações ou e-mails.
5. **Antes de iniciar a entrevista, apresente a empresa e o desafio da vaga**: quanto mais clareza você oferecer, maior será o engajamento de quem realmente se conecta com a oportunidade. Quem entende o contexto responde melhor.
6. **Indicação não é atalho**: trate quem chega por indicação como qualquer outro candidato, nas mesmas etapas e sem privilégios. Imparcialidade é respeito.
7. **Antes de abrir o processo externo, olhe para dentro**: avalie se há colaboradores que podem crescer ou se movimentar internamente. Isso também é desenvolvimento de pessoas.
8. **Se for um processo interno, redobre o cuidado com a imparcialidade**: use ferramentas que ajudem a avaliar com critério e transparência. Decisões justas fortalecem a cultura e evitam ruídos na equipe.
9. **Quanto mais você conhecer as pessoas, maiores serão as chances de acertar na escolha**: amplie a avaliação. Escute histórias, entenda as trajetórias e perceba o que o currículo não mostra. Recrutar bem exige presença e escuta ativa.

10. **Não exagere no número de etapas:** processos longos cansam, desgastam e afastam bons profissionais. Revise o que realmente é necessário. A experiência do candidato também é uma responsabilidade sua.
11. **Tenha cuidado para não transformar a busca pelo profissional ideal em um bloqueio:** já vi empresas passarem mais de 180 dias buscando o "candidato perfeito". O mercado percebe isso. Não é raro ouvir de profissionais: "Essa vaga está aberta há meses, nem vou me candidatar...". Isso gera desconfiança, desgasta a imagem da empresa e faz o mercado questionar o real desafio da posição ou a capacidade de decisão da liderança.
12. **A análise do invisível começa na primeira abordagem:** esteja atento desde o primeiro contato. Muitas vezes, é nesse ponto que o candidato já mostra o que você precisa saber. Quem sabe observar seleciona melhor.
13. **Sempre que possível, ofereça feedback – até nas primeiras etapas:** essa prática demonstra respeito pelo tempo e esforço do candidato, além de fortalecer a imagem da empresa como marca empregadora. Quem passar pelo seu processo deve sair melhor do que entrou. Escolha o canal mais adequado: e-mail, mensagem, ligação (recomendado aos finalistas) ou a própria plataforma de recrutamento. O mais importante é se posicionar com clareza e humanidade.
14. **Inclua perguntas comportamentais e situações práticas já na primeira conversa:** elas ajudam a enxergar além da técnica e revelam valores, postura e alinhamento cultural. E lembre-se: entrevistas muito formais podem gerar tensão. Observe também os momentos de informalidade, quando o comportamento real costuma aparecer.

15. **Cuidado com os seus próprios vieses inconscientes**: é natural se conectar mais com quem se parece ou pensa como você, mas bons times são feitos da soma das diferenças. Pergunte-se: "Estou escolhendo pela competência ou pela afinidade?".
16. **Reflita sobre o real desafio da posição**: às vezes, a vaga pede um perfil técnico, mas a necessidade real da empresa é alguém com capacidade de liderança ou estruturação de processos. Saber o que realmente precisa ser entregue evita buscar o profissional errado. E mais: tenha cuidado com o excesso de exigências; quanto mais filtros desnecessários houver, maior será a chance de travar o processo e perder bons profissionais pelo caminho.
17. **Construa a sua marca empregadora em cada contato**: cada e-mail, ligação ou mensagem é uma oportunidade de mostrar o quanto a sua empresa valoriza as pessoas. Sabe o que mais fortalece essa imagem? Ações concretas. Não adianta apenas falar sobre respeito e cuidado, é preciso colocar em prática o que funciona bem na teoria.
18. **Revise as exigências da vaga antes de publicar**: defina o que é realmente essencial e o que é desejável. Em geral, essa revisão já evita perder bons profissionais logo de cara. E vale a reflexão: será que divulgar uma lista extensa de requisitos comportamentais faz mesmo a diferença? Prefira destacar os pontos concretos e factíveis da função, aquilo que o profissional vai encontrar na prática. Isso torna a vaga mais realista e atrativa.

Tudo está relacionado a resultados. Recrutar bem é incluir, ampliar o olhar e ter coragem de enxergar além do currículo. Quanto mais humanos e atentos formos nesse processo, maior será a nossa chance de construir equipes fortes e alinhadas com o que realmente importa.

Fazer perguntas inteligentes ajuda a fugir de respostas óbvias e, portanto, ler melhor as emoções. Vejamos um exemplo: eu estava entrevistando um profissional para a área de gestão comercial em uma importante indústria nacional, que vinha apresentando resultados abaixo do esperado nos últimos seis meses. A busca era por alguém extremamente focado em resultados, porque, mais do que nunca, não havia espaço para erro. A empresa precisava de alguém resolutivo, capaz de virar o jogo rapidamente.

Na área comercial, existe uma expressão bastante comum: "Ter sangue nos olhos!". Com esse espírito, iniciamos o processo seletivo. Logo no início, um candidato me chamou a atenção. O currículo dele era bem estruturado, com todas as qualificações técnicas exigidas para a vaga, afinal era uma posição de gestão. Ele se comunicava com fluidez e mantinha uma postura alinhada, apesar de ter o peito projetado para a frente e mais evidente.

Até aí, tudo caminhava bem com esse profissional. Mas, na etapa final, quando iniciei as perguntas sobre os resultados conquistados na última experiência, algo mudou. Ele começou a se remexer na cadeira com inquietação, desviava o olhar com frequência, e as mãos pareciam perdidas, sem saber onde repousar. Na hora, pensei: *Tem algo que ainda não foi dito. Preciso investigar melhor.*

Fui aprofundando as perguntas sobre os resultados e, quanto mais eu questionava, mais inquieto ele ficava. As respostas verbais eram cheias de frases coloquiais e me geravam aquela sensação de que a pessoa falava muito, mas não dizia nada, sabe? Era exatamente isso. Porém, o corpo revelava o que as palavras tentavam esconder. Ao observar a linguagem invisível, ficou evidente a incongruência na comunicação, e a minha dúvida desapareceu: não era o perfil que estávamos buscando.

Isso não significa que ele não era um bom profissional, mas, diante da real necessidade da posição, as chances de ele ter dificuldade para entregar os resultados esperados eram altas. Como eu descobri isso? Fazendo perguntas não óbvias e, principalmente, estando 100% presente. Eu estava atenta não só ao que era dito, mas a *como* era dito: as pausas, os gestos, o desconforto disfarçado em sorrisos quando era questionado sobre determinados pontos. Essa escuta ampliada, que inclui o corpo, foi o que me permitiu enxergar além do currículo e da fala ensaiada daquele candidato.

Por onde começar, então, a fazer essa Leitura do Invisível? A resposta está em duas palavras: *perguntas inteligentes*. Quer novos resultados? Faça novos movimentos.

As perguntas inteligentes são aquelas que tiram o outro da zona de conforto, que rompem com o óbvio e despertam reflexão. Perguntas óbvias geram respostas óbvias. Perguntas inteligentes provocam, fazem pensar, revelam o que está por trás do script.

Um ponto de atenção é que existem muitas perguntas prontas por aí, então aqui vai uma regra de ouro: faça essas perguntas primeiro a si mesmo. Perceba se elas fazem sentido, como você as interpreta, que tipo de resposta elas fazem você construir. Se não ficarem claras para você, tampouco ficarão para o profissional à sua frente. Perguntas bonitas nem sempre são eficazes. É preciso ter clareza de aonde você quer chegar com cada uma delas. Seja curioso e se interesse genuinamente pelo ser humano diante de você.

A seguir, analise alguns exemplos de perguntas que realmente tiram o profissional da zona de conforto e permitem que as expressões corporais ganhem protagonismo e o corpo comece a falar.

- Qual foi a decisão mais difícil que você teve que tomar no trabalho? Conte-me mais sobre ela.
- Que tipo de ambiente faz você render mais?
- Se você pudesse voltar atrás e refazer algumas escolhas ou decisões profissionais, quais seriam?
- Como descreveria o seu líder imediato na última empresa?
- Quando os resultados não vieram como o planejado, como você lidou com isso?
- O que você está buscando e que a sua experiência atual não oferece?

Essas perguntas não devem ser copiadas ao pé da letra, são apenas um ponto de partida para que novas questões surjam, conforme a conversa evoluir. O mais importante é estar atento e, quando perceber algum sinal de desconforto, não mudar de assunto. Quando isso acontecer, siga investigando com respeito e curiosidade. Ouse perguntar de modo diferente, mas sempre com clareza do que você quer realmente descobrir.

Ao formular uma pergunta com intenção e profundidade, você está não apenas buscando uma informação, mas também provocando uma reação emocional. E é nessa reação que mora o verdadeiro conteúdo.

Perguntas inteligentes ativam memórias, despertam crenças e evidenciam o que de fato importa para a pessoa. Elas nos permitem observar muito além das palavras, porque, mais do que o conteúdo da resposta, o que revela o invisível é a emoção que acompanha a resposta. É a maneira como o corpo reage que mostra o que está por trás do discurso. Por exemplo, perguntar "Como você lida com conflitos?" é diferente de "Me conte sobre a última vez que você teve um conflito com alguém no trabalho". Na última, você ativa a memória emocional e desperta a linguagem invisível: o tom de voz, os silêncios, as hesitações.

Perguntas inteligentes, inesperadas e bem-formuladas desarmam respostas prontas e acessam o que é autêntico, sendo uma ponte entre o que a pessoa diz e o que ela sente. Quando aprendemos a observar essa ponte, descobrimos muito mais do que qualquer currículo pode contar.

Vários profissionais já estão treinados para entrevistas, especialmente para responder às perguntas "tradicionais", por isso pensar fora da caixa é essencial. Perguntas óbvias ativam o "modo piloto automático", então, para quebrar esse roteiro e acessar espontaneidade, vulnerabilidade e verdade, saber perguntar é um diferencial.

É quando a pessoa precisa pensar que surgem os sinais que revelam quem ela é: travas, brilho nos olhos, desconfortos, entusiasmo, gestos involuntários, a pausa antes de responder, o olhar desviado, a mudança no tom de voz, um sorriso que não condiz com a fala e até mesmo um suspiro mais profundo. São esses detalhes, muitas vezes sutis, que entregam aquilo que as palavras tentam esconder.

Perguntas inteligentes também criam conexão, demonstram interesse genuíno, fazem a outra pessoa se sentir vista, valorizada, ouvida. Quanto mais seguro o candidato se sentir, mais vai se permitir ser autêntico. Isso transforma completamente a qualidade da conversa e, consequentemente, a qualidade da decisão que será tomada depois.

Após fazer as perguntas, direcione a sua atenção para a expressão corporal: observe a direção dos olhos, a postura, a agitação (ou a ausência de movimentos), os braços, as mãos. Porém, não anote nada nesse momento. Esteja 100% presente. Só assim será possível captar a emoção por trás do que está sendo dito e, principalmente, do que está sendo expresso pelo corpo.

É por isso que fazer boas perguntas é também uma maneira de escutar com os olhos, de perceber o que não foi dito, apenas sentido. Porque, no fim, é nesse lugar invisível que estão as respostas mais relevantes.

A CLAREZA DOS VALORES E DO PROPÓSITO DA EMPRESA

Se o desejo é melhorar a performance da empresa por meio das pessoas, precisamos ter total consciência do que estamos procurando e, principalmente, do que não abrimos mão. Quando os valores e o propósito da companhia estão bem definidos, o processo de escolha se torna mais simples e fica muito mais fácil reconhecer quem realmente tem conexão com o que está sendo construído.

Pare e reflita:

1. O que a sua empresa valoriza nas pessoas?
2. O que a sua empresa busca, de verdade, nos colaboradores?
3. É uma empresa que preza por estabilidade e prefere perfis mais conservadores ou busca profissionais que questionem, provoquem, inovem, pensem fora da caixa?

Só acerta na contratação quem tem clareza do que procura – não apenas no papel, mas também no comportamento. Se os resultados das suas decisões não têm sido os esperados, talvez o problema não esteja nos profissionais, e sim nos seus critérios de busca. É hora de reavaliar.

Quando a decisão é tomada sem clareza e guiada pela emoção, o efeito pode ser devastador. É como acionar o gatilho de uma bomba atômica. O estrago se espalha pela equipe, contamina o ambiente, abala a confiança e custa caro, muito caro. E o pior é que poucos percebem o tamanho do risco até que seja tarde demais.

COMPETÊNCIAS TÉCNICAS OU COMPORTAMENTAIS?

Quando falamos das causas da rotatividade nas empresas, é essencial considerarmos a mudança de perspectiva que vem transformando o mercado de trabalho. Já se sabe que os profissionais buscam mais do que salário ou estabilidade; eles querem pertencer, se sentir valorizados e fazer parte de algo maior. Todos nós buscamos afinidade com valores, cultura e propósito. Porque, no fim, não importa apenas o que fazemos, mas por que fazemos.

Quando essa conexão entre a empresa e o profissional não existe, a saída dele é só uma questão de tempo. A tomada de decisão dos profissionais (de permanecer ou não) está cada vez mais fundamentada nos valores, e é por isso que escolhem empresas onde se sentem conectados com o que acreditam.

Não estou dizendo que as habilidades técnicas não são importantes, porque elas são – e muito! Há momentos em que o cenário exige profissionais prontos, que cheguem jogando o jogo, seja porque não há tempo ou estrutura para treiná-los, seja porque se trata de uma substituição estratégica. Isso faz parte da gestão.

O nosso ponto de atenção deve ser a supervalorização das habilidades técnicas. Antes de contratar, é essencial avaliar o comportamento, porque é ele que sustenta relações de longo prazo e garante contratações produtivas e duradouras.

Por outro lado, não adianta contratar apenas pelo comportamento e abandonar o desenvolvimento técnico desse talento. Contratar e não investir no crescimento técnico do profissional é o caminho mais rápido para perder um bom talento ou, pior, deixá-lo desmotivado e à deriva.

"Equilíbrio" é a palavra que deve reger qualquer decisão sobre pessoas. A base de tudo está na sinergia de valores entre a empresa e o profissional. A partir dessa conexão, desenvolve-se o restante, inclusive a técnica.

Habilidades técnicas são desenvolvidas com treino, prática e tempo. Já transformar valores ou padrões de crença é outra história: é difícil, arriscado e, na maioria das vezes, frustrante. É por esse motivo que quero ajudar você a identificar o padrão de valores e crenças ainda na fase de seleção, porque é aí que tudo começa, e é essa decisão que, quando bem tomada, evita muitos problemas lá na frente.

COMO AVALIAR POTENCIAIS TALENTOS EM OPERAÇÕES COTIDIANAS

Quando o líder está presente e acompanha a equipe de perto, avaliar potenciais se torna muito mais natural, porque é na rotina, e não só nos momentos formais, que os verdadeiros talentos começam a se revelar.

Observar o comportamento no dia a dia é uma das maneiras mais genuínas de mapear potenciais. E aqui estou falando não só de quem entrega resultado, mas também de quem demonstra proatividade, capacidade de resolver problemas e se responsabilizar pelo que faz.

A rotina traz sinais o tempo todo. Quem assume responsabilidades além do básico? Quem se antecipa aos problemas? Quem se importa de verdade com o resultado do time, e não apenas com o próprio?

O erro comum de muitos líderes é achar que o talento só aparece nos grandes projetos ou nas reuniões de performance, quando, na verdade, o talento se revela e se fortalece nos pequenos movimentos do dia a dia, nas atitudes diante de uma situação difícil, no modo como a pessoa lida com um colega ou encara um problema inesperado com um cliente. É na rotina que o potencial aparece e se consolida. Não basta brilhar uma vez; o verdadeiro talento vai se fortalecendo nas repetições, na consistência, na maneira como se posiciona diante dos desafios.

Por isso, para avaliar potenciais talentos, o líder deve estar atento de verdade. Não podemos ser ausentes e aparecer só para cobrar resultados ou fazer avaliação anual. É preciso estar ali, presente, e enxergar além do que está nos relatórios.

Uma boa prática é delegar pequenas responsabilidades desafiadoras e observar. O talento costuma se mostrar quando recebe um desafio, mesmo que pequeno, e o entrega com qualidade, autonomia e, muitas vezes, até com algo a mais do que foi pedido.

E aqui vale uma lembrança importante de um assunto que já discutimos: nem tudo pode ser terceirizado. O olhar atento ao comportamento, ao potencial e ao desenvolvimento das pessoas é papel inegável do líder. Nenhum consultor externo, por mais experiente que seja, vai conseguir enxergar o que você, líder presente, vê no dia a dia. É assim, no cotidiano, que a gente começa a identificar quem está pronto para crescer, tem sede de aprender, de contribuir, de construir algo junto. E o melhor: tudo isso sem precisar de holofotes.

Por essa razão, o líder precisa ser cada vez mais um gestor de talentos, capaz de enxergar além da entrega técnica e perceber, na prática diária, quem realmente tem potencial para ir além e crescer com o time.

6

DECIFRANDO O INVISÍVEL: COMO APLICAR NA PRÁTICA O QUE NÃO É DITO, MAS TRANSFORMA DECISÕES

Nem todo líder desenvolveu a capacidade de perceber o que não é dito. A maioria das lideranças se limita ao que ouve ou ao que prefere ouvir. Mas quem lidera bem, quem decide bem sobre pessoas, aprende cedo que o mais importante nunca está nas palavras. E é isso que faz ser latente a necessidade de transformar líderes em verdadeiros gestores de talentos.

Acredito que até aqui já está claro que ler o invisível é desenvolver a habilidade de perceber o que não está sendo dito com palavras e escutar o que ninguém teve coragem (ou clareza) de colocar em palavras. Certo? O desalinhamento ou até o potencial escondido de alguém quase sempre se revela no invisível, naquilo que não é verbalizado, nas pausas, nos olhares desviados, nos sorrisos forçados, nas falas decoradas, nas mãos inquietas e até em um pescoço que fica vermelho ao se expressar.

Consciente ou inconscientemente, as pessoas emitem sinais o tempo todo, dizem quem são, o que sentem e o que realmente pensam, mesmo quando não pronunciam uma única palavra. Então, saber diferenciar o que é um momento transitório do que é um padrão de comportamento ou até um trauma é fundamental quando falamos em ler o invisível.

Julgar rápido demais é correr o risco de desperdiçar um bom profissional. Às vezes, o que estamos vendo em um olhar que parece distante ou uma postura fechada pode ser reflexo de um momento de vida, uma transição, uma perda, uma ruptura, uma fase mais delicada. Isso quer dizer que alguém que chega à entrevista ou a uma reunião com o peito fechado, cabisbaixo, fala alterada (alta ou baixa demais), pode não estar revelando quem realmente é. Pode, simplesmente, estar atravessando uma dor pessoal e vivendo o impacto de algo que acabou de acontecer.

Portanto, ler o invisível não é julgar o que se vê na primeira camada. É buscar entender o contexto, ler mais segmentos (partes do corpo), e não se ater a somente um. É ter sensibilidade para perceber (com perguntas inteligentes) o que é momentâneo e o que realmente faz parte da estrutura daquela pessoa. Essa leitura refinada evita equívocos graves, porque não saber separar o que é estado momentâneo do que é padrão de comportamento pode fazer você perder um talento ou contratar alguém pelos motivos errados.

Corpo e mente reagem ao que estamos vivendo. E o líder, mais do que ninguém, precisa ter essa escuta ampliada. O meu convite, então, é para que você refine o seu olhar e a sua escuta. Como? Indo além das palavras. Vamos começar pelos sinais que todos emitem, mesmo sem perceber: a postura, o que o corpo comunica enquanto a boca fala outra coisa, evidenciando a incongruência na comunicação; os movimentos físicos, de agitação, inquietação ou controle excessivo; o contato visual, de quem sustenta o olhar e quem foge dele e o que isso significa; o tom de voz, indicando se há firmeza, hesitação ou excesso de suavidade; além de tensões e do que significam.

Quando as palavras saírem fácil demais ou soarem ensaiadas, acione uma das ferramentas mais poderosas da liderança: as perguntas inteligentes. Sempre questione mais, especialmente sobre resultados, mas fuja do óbvio. Use perguntas que provoquem reflexão, que tirem o outro da zona de conforto, porque são essas questões que, quase sempre, expõem o que está guardado e revelam quem a pessoa realmente é.

É lendo o invisível que você entende quem está pronto, quem ainda precisa de apoio e quem tenta ser o que não é apenas para conquistar a vaga ou se manter no cargo. Essa leitura dá a você condições reais de decidir com mais efetividade.

Gestos e expressões revelam muito, mas não tudo. O corpo guarda traumas e tensões que definem a forma de agir, decidir e se relacionar, por isso convido você a enxergar além do visível e compreender como essas marcas invisíveis impactam diretamente as suas decisões sobre pessoas.

AS EMOÇÕES DA ALMA NAS TENSÕES DO CORPO

O corpo é um espelho silencioso da alma. Cada tensão, postura e gesto pode carregar uma história emocional. Para compreendermos o quão complexa e poderosa é essa ferramenta, dividi esse processo em quatro camadas que representam estágios diferentes de manifestação corporal das emoções.

Essas camadas equivalem a níveis crescentes de profundidade emocional, indo do que é imediatamente visível aos olhos até o que está silenciosamente enraizado no corpo, muitas vezes fora do alcance da consciência. Cada camada revela uma maneira específica de expressão emocional: o corpo que fala, o corpo que guarda, o corpo que adoece e o corpo que libera.

É uma jornada de escuta sensível, na qual o corpo se transforma em um verdadeiro mapa emocional, e cada gesto, tensão ou sintoma é uma pista do que precisa ser visto, acolhido e, às vezes, curado.

Camada 1: o corpo que fala

Nessa camada, devemos observar os sinais visíveis, que são gestos, expressões, posturas, microexpressões e movimentações espontâneas que revelam estados emocionais em tempo real. É onde tudo começa a se manifestar, mesmo sem intenção.

Por exemplo, durante a entrevista, o candidato diz estar confiante, mas mantém os ombros encolhidos, o olhar evasivo e as mãos entrelaçadas no colo, sinais que não combinam com a fala e evidenciam uma insegurança não verbalizada.

Camada 2: o corpo que guarda

Essa camada é o terreno fértil da nossa exploração literária. Aqui entramos na dimensão das emoções não expressas que se acumulam no corpo. Sentimentos como medo, insegurança, ansiedade, incapacidade, tristeza e raiva começam inicialmente gerando tensões musculares crônicas e posturas desalinhadas. Se essas emoções permanecem por tempo prolongado, o corpo passa por algo mais profundo, e ocorre o que chamamos de metamorfose física, uma modificação real da estrutura e da forma corporal. É quando o corpo deixa de apenas sentir e passa a carregar fisicamente aquilo que não foi resolvido. É a corporificação da experiência vivida ou, simplesmente, a materialização física de histórias emocionais não curadas.

Em algumas pessoas, a tensão se manifesta no encurtamento do pescoço, por exemplo. Os ombros se elevam, o queixo se aproxima do peito, e a região cervical parece retraída. É como se o corpo estivesse bloqueando a saída da voz, impedindo que algo seja dito ou até mesmo sentido. Essa postura demonstra uma tentativa inconsciente de conter sentimentos, calar opiniões e evitar exposição emocional. É como se o corpo dissesse: "Não posso expressar os meus sentimentos ou a minha opinião verdadeira, porque posso ser rejeitado por ser quem sou. Preciso me endurecer para ser aceito. Não posso chorar nem demonstrar raiva". O corpo se protege e, ao mesmo tempo, se aprisiona.

Camada 3: o corpo que adoece

Quando as emoções não são expressas nem acolhidas, o corpo encontra outra maneira de manifestar a própria verdade: a doença. Essa é a camada onde sentimentos reprimidos, ignorados ou abafados começam a se transformar em sintomas físicos, como dores, inflamações, desconfortos, desequilíbrios hormonais e até quadros clínicos mais sérios. O corpo adoece quando já falou, já guardou... e não foi ouvido. É como se dissesse: "Se você não me escuta, eu grito".

Quando deixamos de falar o que pensamos ou sentimos, a nossa garganta pode começar a doer. Quando estamos sob forte pressão, interna ou externa, crises de enxaqueca ou dores de cabeça podem se instalar. Quando o medo de fracassar ou de não dar conta nos assola, os nossos joelhos se manifestam, como se nos faltasse firmeza para seguir. E quando engolimos o que sentimos (estresse, tensão, raiva), o nosso estômago reage e gera incômodos.

Camada 4: o corpo que libera

Esse é o nível mais profundo, onde estão os traumas enraizados, aqueles reprimidos, negados ou esquecidos. É um território fértil para as terapias integrativas, nas quais o corpo finalmente encontra espaço para processar, liberar e curar. Em uma sessão terapêutica, é possível reviver uma memória antiga e sentir, pela primeira vez, a emoção reprimida vindo à tona: o corpo treme, chora, libera. Não é racional, é visceral. É nesse espaço que o trauma começa a se dissolver.

Esse tipo de experiência revela o que há de mais profundo no corpo emocional, que é a sabedoria silenciosa que ele carrega, mesmo quando a mente já esqueceu. O corpo lembra e, quando encontra um ambiente seguro, libera sem pedir permissão à lógica. É nesse território que a leitura corporal deixa de ser apenas observação e se torna também acolhimento.

Nesta obra, vamos nos concentrar nos níveis 1 e 2, quando a linguagem visível do corpo e as primeiras tensões começam a aparecer. Os níveis 3 e 4, ligados a doenças e traumas mais profundos, pedem outro espaço e uma abordagem mais extensa, que não trataremos aqui.

Importante: se as emoções não são acolhidas no primeiro nível, o corpo segue tentando se expressar, e o que não é escutado se intensifica. Por isso, quanto mais cedo aprendemos a ler e entender os sinais, maior é a chance de intervirmos com consciência, antes que o corpo grite, afinal o corpo só expressa o que carrega por dentro. Ele pode até tentar se adaptar às exigências externas, mas a verdade interna sempre encontra uma maneira de aparecer, no tom de voz, na postura, no olhar, na rigidez dos músculos ou no cansaço que insiste em ficar.

O nosso corpo não vai demonstrar alegria se estiver confuso e com medo. Um sorriso pode até surgir nos lábios, mas os nossos olhos não o acompanham. A voz tenta soar firme, mas o peito aperta, o ar falha, o brilho some. Não há como enganar o corpo por muito tempo.

Enquanto a mente racional tenta manter o controle, o corpo vai sinalizando que há algum desequilíbrio. É por isso que não acredito que as expressões não verbais possam ser treinadas ou manipuladas por muito tempo. Podemos até ensaiar gestos, sorrisos e entonações, mas o corpo tem memória e linguagem próprias, então não sustenta personagens por longos períodos. Há momentos em que a verdade simplesmente se apresenta. Às vezes, em um silêncio que dura um segundo a mais; outras, em um olhar que se desvia, em uma respiração que falha ou em uma rigidez corporal que surge sem aviso.

Nesses momentos, não há técnica que esconda. E é justamente aí que mora a beleza (e a potência) da leitura corporal: não se trata de controlar, e sim de perceber.

O CAMINHO DE UM TRAUMA

Antes de iniciarmos a leitura prática, quero explicar, de modo breve, como se originam os traumas e as tensões no corpo e por que isso é tão

Não se trata apenas de olhar literalmente com os olhos, mas também de sentir com o coração.

O JOGO INVISÍVEL DAS DECISÕES
@IRACI_BOHRER

relevante para decidir bem sobre pessoas. É aqui que o meu método se diferencia: em vez de parar em gestos ou expressões faciais, a Leitura do Invisível aprofunda o olhar para os segmentos corporais, nas regiões que acumulam bloqueios e memórias silenciosas e revelam padrões capazes de influenciar diretamente o comportamento e as decisões.

Essa introdução é essencial para alinharmos a base teórica antes de avançarmos para a leitura prática. Peço que você leia com atenção, pois é aqui que começa o desenvolvimento da sua habilidade de identificar o que é comunicado pelo corpo explicitamente.

Onde as nossas emoções encontram morada

A fisiologia corporal revela muito sobre uma pessoa. Para quem tem o olhar treinado para ler o invisível, o corpo fala e mostra muito mais que o caráter; também é possível notar a maneira da pessoa de ser no mundo, os bloqueios, os traumas e os padrões emocionais. O corpo nunca mente; pelo contrário: expõe as incoerências que as palavras tentam camuflar. É por isso que acredito profundamente que entender as mensagens do corpo está se tornando a nova estrada para o inconsciente, uma forma poderosa de compreender traumas, padrões de crença e tudo aquilo que a mente tenta ocultar.

O corpo é a mente em movimento. Existe um elo íntimo entre corpo e mente, e tudo o que expressamos fisicamente tem raízes emocionais e neurológicas.

Nascemos com a capacidade de sermos seres integrais e completos, mas, com o tempo, a realidade nos molda e define quem somos e como nos expressamos. Desde a infância, aprendemos que reter o sentimento é mais seguro do que expressá-lo. A cada ameaça, castigo ou exigência que ignora as nossas necessidades e emoções, um pedaço da espontaneidade inata se perde. Ao longo da vida, os acontecimentos que vivemos – dependendo da intensidade, da frequência e da duração

– moldam os nossos hábitos emocionais. A fim de enfrentar essas pressões, o corpo cria tensões para bloquear o medo, silenciar a dor e reprimir os impulsos que levariam à expressão dos sentimentos. Sob essa tensão constante, a sensibilidade diminui, e, com as necessidades emocionais não atendidas, inicia-se uma jornada de compensações e uma busca inconsciente por modos de suprir o vazio deixado pela repressão.

As tensões corporais não são aleatórias nem surgem de um único episódio de frustração. Elas são respostas do corpo às emoções e se desenvolvem como respostas adaptativas ao ambiente em que crescemos: família, convívio social, experiências acumuladas. Com o tempo, essas tensões passam a se manifestar fisicamente, em especial nos ligamentos e músculos. Esse processo gera uma verdadeira mudança na estrutura corporal original, refletindo não apenas um estado momentâneo, mas também um traço duradouro da personalidade. É como se o corpo se reorganizasse para expressar aquilo em que a mente acredita e o coração sente, criando uma nova maneira de estar no mundo, em uma adaptação "em harmonia" com a dor vivida.

É exatamente por isso que as tensões corporais têm tanta importância, pois nos ajudam a compreender o modo como alguém se posiciona diante da vida, afinal o corpo sustenta atitudes. Por exemplo, quando uma pessoa reprime constantemente emoções como a tristeza, o corpo responde criando tensões musculares crônicas, especialmente na mandíbula, no tórax, no diafragma, na garganta e no rosto. Com o tempo, se essa repressão persiste, a tensão deixa de ser momentânea e se transforma em um hábito corporal. Isso limita a capacidade da pessoa de expressar emoções de maneira espontânea e saudável. Em outras palavras, o corpo "aprende" a bloquear a emoção, e quanto mais ele pratica esse bloqueio, mais difícil se torna liberá-la.

Com o desenvolvimento do hábito, certas atitudes podem se tornar automáticas a ponto de não percebermos mais a presença ou o impacto delas. No início, estamos conscientes de um sentimento ou de uma reação emocional, mas, ao repetirmos tanto esse padrão, ele se torna um reflexo quase inconsciente. O condicionamento nos leva a evitar certas situações sem perceber. Chamamos isso de hábito. Quando falta consciência, esse hábito vira bloqueio e passa a controlar as nossas escolhas em vez de ser controlado por nós.

Um indivíduo pode carregar vários bloqueios emocionais e em diferentes intensidades. Eles influenciam profundamente o nosso corpo, a nossa identidade e o nosso modo de estar no mundo, sendo não apenas limitações, mas também moldadores da nossa personalidade, visto que refletem a história e as experiências de cada pessoa. Por isso, podemos dizer que são, sim, um problema físico, além de psicológico e emocional.

Quando a integridade natural do corpo é interrompida, algo importante está acontecendo por dentro: uma resistência ao fluxo natural da vida. Esse bloqueio surge quando evitamos sentimentos como medo, dor, solidão ou incerteza e, para não os sentirmos, criamos tensões musculares inconscientes, usamos o próprio corpo como barreira, e os nossos músculos se tornam contenções emocionais. Ao reprimirmos o que sentimos, também perdemos algo essencial: a sensibilidade e a orientação interna. Esse afastamento dos nossos sentimentos mais profundos nos desconecta da nossa essência e nos distancia de quem realmente somos.

A ironia desse processo é simples e cruel: quanto mais fugimos de uma emoção, mais força damos a ela. O medo se amplia, a resistência à dor se prolonga e a negação da solidão nos isola ainda mais. O corpo, ao sustentar esse esforço contínuo para bloquear sensações, começa a manifestar as tensões fisicamente. A rigidez emocional se transforma em rigidez corporal, a respiração se torna superficial, a postura se adapta ao peso do bloqueio e, pouco a pouco, o corpo passa a carregar essas marcas que surgem como traumas e tensões crônicas. Se esse ciclo persiste, a tensão se aprofunda, cristaliza-se em trauma e altera a fisiologia do corpo. Esse trauma, por sua vez, passa a influenciar diretamente o modo como percebemos o mundo, tomamos decisões e nos relacionamos.

Para ler as tensões e as mensagens do corpo, é preciso mais do que técnica; é importante ter presença e imparcialidade. Não se trata apenas de olhar literalmente com os olhos, mas também de sentir com o coração. Isso é tão importante porque tudo em uma pessoa é parte de uma mesma unidade, tudo nasce da essência do ser: o corpo, o comportamento, a personalidade, os movimentos, as atitudes, os sonhos, as posturas... tudo isso forma um conjunto integrado. São expressões diferentes do mesmo íntimo e estão em constante inter-relação. Às vezes, podem até parecer desconectadas, mas não são.

É comum reconhecer o estado emocional de alguém à distância apenas pela maneira de andar. Cabeça pendente, ombros caídos, tórax afundado e passos lentos e pesados refletem sentimentos de fraqueza e derrota. Por outro lado, cabeça alta, ombros retos e soltos, tórax que apresenta movimentos de respiração plena e natural e andar leve revelam energia e confiança.

Cada tensão muscular está associada a um sentimento específico. Embora o número de padrões seja relativamente limitado, as combinações entre eles são infinitas, cheias de nuances e sutilezas. Por isso, é perigoso interpretar de modo simplista. Achar, por exemplo, que braços cruzados sempre indicam resistência ou indisponibilidade é um erro comum. O corpo precisa ser lido no contexto, em conjunto e com a escuta atenta.

É por isso que reforço e peço que você não analise um único ponto isoladamente. Avaliar mais de um segmento é essencial para ter uma leitura precisa. Chamamos de segmento cada parte do corpo que pode ser analisada de maneira específica: cabeça, pescoço, ombros, braços, antebraços, mãos, peito, tórax, cervical, abdômen, quadril, pernas, joelhos e pés. As expressões faciais entram como um segmento à parte.

Por isso, quanto mais elementos você conseguir observar em conjunto, mais precisa será a sua análise.

DO SENTIMENTO AO SINAL: CINCO FASES

Até aqui, abordamos o que observar no corpo; agora falta entender de onde isso nasce.

Como explica Alexander Lowen em *O corpo em terapia*,[26] muitos desses padrões se enraízam na infância, marcados por dor e medo. São vivências que deixam marcas e moldam as defesas que carregamos pela vida adulta.

Esse processo de somatização emocional acontece em cinco fases:

- Fase 1 – **emoção negada**: tudo começa com uma emoção que, por algum motivo, é reprimida ou não pode ser expressa livremente.
- Fase 2 – **tensão**: a emoção reprimida gera uma resposta física imediata, e o corpo se tensiona. Essa tensão pode se manifestar em regiões como ombros, costas e mandíbula.
- Fase 3 – **hábito**: com o tempo, essa tensão deixa de ser pontual e passa a se repetir. O corpo se habitua àquele estado de contração, e a emoção não resolvida se incorpora ao cotidiano.
- Fase 4 – **bloqueio**: a tensão habitual passa a restringir movimentos, sensações e até formas de expressão. O corpo limita a própria liberdade para não acessar o que foi reprimido.
- Fase 5 – **trauma**: a emoção reprimida e os bloqueios constantes alteram a fisiologia do corpo. Então, surge o trauma,

26 LOWEN, A. **O corpo explica**: a abordagem bioenergética. São Paulo: Summus Editorial, 2024.

que é uma marca profunda, incorporada como parte da personalidade.

Como isso aparece no dia a dia? A cadeia **emoção negada → tensão → hábito → bloqueio → trauma** se traduz em sinais corporais visíveis. Leia-os sempre em combinação com postura, movimentos, contato visual, tom de voz e energia, considerando o contexto da conversa. **Trate cada pista como hipótese a verificar, e nunca como conclusão.**

Veja alguns exemplos de fisiologia alterada que se expressam no corpo.

- **Pescoço encurtado (como se encaixado na cabeça)**: sinal de quem não pode falar, se calou ou não teve espaço para se expressar.
- **Ombros caídos**: indicam a sensação de incapacidade ou a sobrecarga de responsabilidades não assumidas.
- **Quadril sem harmonia**: reflete um corpo que prioriza o dever acima de tudo, com o peso de colocar as obrigações em primeiro, segundo e terceiro lugar.
- **Pernas desajustadas**: passos curtos ou andar pesado revelam dificuldade de avançar, insegurança ou falta de direção.
- **Pés desalinhados e sem direção**: podem indicar conflito entre razão e emoção ou ausência de equilíbrio na tomada de decisões.

POSTURA, MOVIMENTOS, CONTATO VISUAL, TOM DE VOZ E ENERGIA

Sempre que você está diante de uma pessoa, o que mais chama a sua atenção? O que mais "grita" nela? Comece por aí. Esse primeiro impacto costuma revelar muito. Depois, observe a postura: como ela anda?

Há leveza e fluidez nos movimentos ou eles são truncados, pesados, rígidos? Se houver rigidez, vá além: onde ela está localizada? Essa será a sua primeira pista.

O movimento dos braços revela muito, pois traz informações valiosas sobre o nível de entrega, energia, execução e habilidade de realizar e concretizar. Pessoas que caminham sem movimentar os braços, por exemplo, tendem a ter mais dificuldade na execução prática, mas, em muitos casos, demonstram forte capacidade de planejamento e organização mental.

Aqui, peço um favor: não se prenda a uma simples cruzada de braços. A leitura do invisível vai muito além disso. Eu, particularmente, não acredito que possamos treinar ou esconder as emoções que são impressas no corpo. Expressamos o que sentimos e, por mais que tentemos esconder, aos olhos atentos essas emoções encontram voz. Podemos até treinar as nossas expressões corporais, mas, em algum momento, a verdade que está lá dentro aparece.

Você provavelmente já assistiu a um discurso político em que tudo parecia estar bem até surgir aquela impressão de que "algo de errado não está certo". É isso. Você captou uma incongruência na comunicação, e esse sinal, independentemente de qual seja, nunca deve ser ignorado. Juntos, vamos além do óbvio das expressões corporais. O convite é para que você aprofunde a leitura e ultrapasse a superfície, alcançando aquilo que o corpo revela sem querer.

Por que isso é necessário? Porque as expressões podem dar pistas, mas também podem enganar, seja por treino (quando a pessoa já conhece o significado), seja por tentativa (muitas vezes inconsciente, de parecer quem não é). Um exemplo clássico é a postura do "peito de pombo". Sabe aquela pessoa que entra em um ambiente com o peito inflado, tentando "chegar chegando", querendo ser notada e admirada? Aparentemente, demonstra autoconfiança. Mas, na maioria das vezes, está apenas tentando sustentar uma imagem que não corresponde à verdade.

Não me considero especialista em microexpressões faciais e não me limito à expressão do rosto, pois, com tantos procedimentos estéticos, quem pode garantir o que é genuíno? O meu olhar sempre focou os olhos, que considero serem a verdadeira janela da alma. São eles que denunciam alegria, medo, insegurança ou tristeza. Por mais que se tente mascarar, não existe intervenção capaz de calar o que o olhar revela.

Agora você já sabe por que é tão importante compreender o verdadeiro caminho até o inconsciente e por que isso faz toda a diferença quando falamos em decidir bem sobre pessoas. Mas talvez você esteja pensando: *Sou leigo, como vou conseguir identificar tais tensões e traumas no corpo de alguém?* A boa notícia é que, agora que você compreende a origem e os efeitos das tensões no corpo, é hora de avançar. O nosso próximo passo é transformar essa leitura em critérios de decisão para contratar, reter e mediar conflitos com consistência.

7

DECODIFICANDO SINAIS SUTIS QUE REVELAM O QUE AS PALAVRAS ESCONDEM

Neste capítulo, vamos mergulhar nos segmentos corporais que mais importam quando o desafio é decidir bem sobre pessoas. Não espere um manual exaustivo, pois teremos aqui um recorte estratégico, preciso e prático, para aplicar de imediato.

Cada segmento apresentado oferece pistas valiosas sobre como a pessoa sente, age, se comunica, lidera ou se retrai. São sinais que, quando bem observados, complementam a escuta, aprofundam a análise e ajudam a tomar decisões com mais presença e sensibilidade.

Vamos juntos despertar o olhar, enxergar o que passa despercebido e transformar radicalmente a forma como você se relaciona e escolhe as pessoas com quem trabalha.

A ERA DA INFIDELIDADE E A TRANSVERSALIDADE NO COMPORTAMENTO

Vivemos um tempo que muitos chamam de "a era da infidelidade". Infidelidade às relações, às palavras, às emoções e, acima de tudo, a si mesmo. Quando se diz uma coisa, mas se sente outra. Quando o discurso é convincente, mas o corpo não o acompanha.

É aí que entra o conceito de transversalidade no comportamento: a coerência entre o que uma pessoa pensa, sente, diz e faz. A Leitura do Invisível mostra se há alinhamento entre os sinais, se o entusiasmo declarado aparece nos olhos, se a segurança dita se expressa nos ombros e se a empatia falada se revela no gesto.

A transversalidade é o que separa o discurso ensaiado da intenção verdadeira. Por isso, mais do que observar palavras ou habilidades técnicas, é preciso ler o corpo como um todo – por segmentos, sim, mas todos conectados como um sistema inteligente.

Quando se trata de compreender a linguagem corporal, é provável que você já tenha se deparado com literaturas que abordam os biotipos, em classificações que tentam agrupar comportamentos com base em tipos físicos. Embora essa perspectiva tenha valor, aqui proponho uma releitura mais prática e funcional, especialmente voltada ao ambiente corporativo: em vez de focarmos biotipos, vamos observar os segmentos do corpo.

Essa abordagem facilita a análise, amplia a percepção e torna a Leitura do Invisível mais acessível e aplicável ao dia a dia de quem precisa tomar decisões sobre pessoas, seja em entrevistas, seja em reuniões, seja na condução de equipes.

O MAPA DO CORPO PARA DECIDIR BEM SOBRE PESSOAS

Embora muitos exemplos estejam no contexto de entrevistas, afinal todos nós já estivemos de um lado ou do outro da mesa, a análise vai além. Os sinais que veremos aqui se aplicam a qualquer situação em que seja necessário decidir bem sobre pessoas, o que inclui o trabalho, a liderança e até a vida cotidiana.

Para começar, imagine o corpo dividido ao meio por uma linha vertical: lado direito e lado esquerdo. Essa separação ajuda a compreender como razão e emoção se manifestam. A partir dela, passamos a observar três aspectos fundamentais na linguagem corporal: emoção, razão e lateralidade.

Quando a tensão aparece no lado direito do corpo, costuma estar ligada à razão. A região afetada pode indicar a origem do trauma ou o aspecto da vida em que há mais dificuldades. Por exemplo, ausência ou o excesso de movimento no braço direito podem revelar dificuldade em transformar ideias em ação; já tensões em pernas ou joelhos sugerem desafios de sustentação, estabilidade e apoio.

Quando a tensão está no lado esquerdo, o corpo revela marcas emocionais. Um pé esquerdo sem direção pode indicar dificuldade em escolher caminhos ou tendência à dispersão em questões afetivas. Ombros caídos ou tensionados sugerem sobrecarga emocional, como se a pessoa carregasse o mundo nas costas, ou resistência em assumir responsabilidades ligadas aos sentimentos.

Ainda no que se refere à análise da lateralidade, podemos acessar informações sobre pai e mãe e a possível origem de certos traumas. O lado direito se relaciona com a figura do gênero oposto, enquanto o lado esquerdo remete à figura do mesmo gênero. Para quem observa com atenção, isso amplia ainda mais a leitura corporal disponível.

Ou seja, ao analisarmos apenas a lateralidade do corpo, já conseguimos perceber como a pessoa toma decisões: se de modo mais racional ou emocional, se tem facilidade para executar ou apenas pensa, sem conseguir estruturar. Também se pode observar a capacidade de assumir responsabilidades e a clareza quanto ao caminho que deseja seguir.

E no olhar temos a mesma lógica.

COMO OS OLHOS REVELAM OS NOSSOS PENSAMENTOS

Você já deve ter ouvido dizer que os olhos são a janela da alma. Toda emoção que sentimos se expressa por eles. Sabe aquela pessoa que fala de um projeto ou de um sonho com os olhos brilhando? Ou, ao contrário, aquela que fica com olhos baixos, caídos, que revelam que algo não está bem?

E o que dizer dos olhares inquietos, que piscam demais, ou dos que quase não piscam? Dos que não se conectam com quem está à frente? Ou um olhar profundo, intenso. Ainda, aquele distraído, que parece longe... Os olhos comunicam muito mais do que a gente imagina.

Você já reparou que, ao pensar ou lembrar de algo, os seus olhos se movem quase automaticamente? Isso não é por acaso. Esses movimentos estão ligados ao tipo de pensamento que acessamos: se estamos vendo uma imagem mental, ouvindo algo internamente, lembrando de uma sensação ou refletindo sobre algo.

Pesquisadores mapearam padrões que indicam que olhar para cima sugere acesso a imagens; para os lados, a sons; para baixo, a sensações ou diálogos internos. Saber interpretar esses sinais pode trazer uma grande vantagem, especialmente em conversas, entrevistas ou momentos de tomada de decisão.

Observe a imagem a seguir, um guia visual com os principais movimentos dos olhos e o que eles costumam indicar sobre o tipo de pensamento da pessoa analisada.

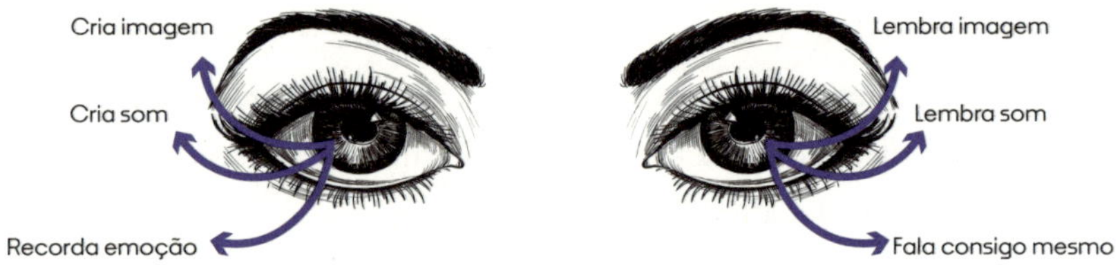

- Olhar para cima e à direita: sinal de que a pessoa está criando uma imagem mental. Para comprovar, pergunte para alguém próximo (sem que ele saiba que está sendo testado, é claro!): "Como é a sua casa dos sonhos?". E observe o movimento dos olhos.
- Olhar para cima e à esquerda: a pessoa está acessando uma lembrança visual. Para comprovar, pergunte: "Como era a casa da sua infância?" ou "Quais foram as primeiras coisas que você viu ao acordar hoje?".
- Olhar para o lado direito (na direção da orelha): a pessoa está imaginando um som. Para comprovar, pergunte: "Como soa a sua música dos sonhos?" ou "Como você imagina que seria o som do mar em outro planeta?".
- Olhar para o lado esquerdo (na direção da orelha): lembrança de um som real. Para comprovar, pergunte: "Qual foi a

última música que você ouviu e gostou?" ou "Você lembra do som do recreio na escola?".

- Olhar para baixo e à direita (cinestésico): é uma memória sentida. Aqui, a pessoa está acessando sensações físicas ou sentimentos corporais e pode estar se conectando com uma emoção sentida no corpo (como aperto no peito, frio na barriga, tensão nos ombros) ou revivendo uma experiência sensorial (como a textura de algo, um cheiro ou uma dor). Para comprovar, pergunte: "Como você se sentiu no seu primeiro dia de trabalho?" ou "Lembra da sensação de pisar na areia quente da praia?".
- Olhar para baixo e à esquerda (diálogo interno): é uma memória pensada ou uma conversa interna. Esse movimento indica que a pessoa está falando consigo mesma, internamente. É o momento em que ela "ouve" os próprios pensamentos ou reflete sobre como se sente, não necessariamente de modo físico, mas por meio de um discurso interno. Para comprovar, pergunte: "O que você costuma dizer para si mesmo quando está nervoso?" ou "Você tem alguma frase que repete mentalmente quando precisa tomar uma decisão difícil?".

COMO IDENTIFICAR INCONGRUÊNCIAS POR MEIO DOS OLHOS?

Talvez você esteja se perguntando: "Quanto tempo dura a expressão dos olhos ao acessar pensamentos ou emoções?". Em geral, os movimentos oculares acontecem de maneira rápida e quase automática, em um intervalo de meio a dois segundos logo após a pergunta ser recebida. Às vezes, o movimento é tão sutil que acontece antes da formulação racional da resposta, ou seja, antes de a pessoa responder.

É como se o cérebro "olhasse para onde precisa" para acessar a informação necessária para a resposta. Primeiro, os olhos fazem um movimento sutil na direção do tipo de pensamento acessado. Em seguida, há uma breve fixação e o olhar para por um instante enquanto a mente busca a resposta.

Mas esteja atento: pessoas muito treinadas ou conscientes da própria imagem, como líderes experientes, políticos, executivos ou candidatos com coaching prévio, podem tentar manter contato visual contínuo, o que também é um sinal a se observar, já que fugir do olhar natural pode ser uma tentativa de controle.

Como identificar a movimentação dos olhos:

- Fique atento ao primeiro movimento ocular logo após a pergunta.
- Evite interromper ou comentar nesse momento: mantenha silêncio e observe.
- Esteja 100% presente, sem fazer anotações ou checar o celular. Isso é essencial para não deixar escapar esse microssinal.

Dito isso, vamos analisar alguns exemplos:

Pergunta: "Como foi o seu fim de semana?"
Resposta: "Foi ótimo!" (com um sorriso)
Olhar: para cima e à direita → criando imagem.
Incongruência: o movimento dos olhos indica criação de imagem, e não uma lembrança, porém essa pergunta remete a algo que já aconteceu. Se a pessoa precisou criar uma imagem, algo não está batendo. Pode ser uma resposta socialmente aceitável, mas não autêntica.
Pergunta: "Como foram os seus resultados na última empresa em que trabalhou?"

Resposta: “Foram excelentes!” (com entusiasmo e firmeza)
Olhar: para baixo e à esquerda → diálogo interno.
Incongruência: a pessoa está construindo uma resposta internamente, talvez ponderando o que é mais conveniente dizer em vez de acessar uma lembrança real.
Pergunta: “Qual foi a decisão mais difícil que você precisou tomar nos últimos meses?”
Resposta: “Ah, nenhuma... tenho lidado bem com tudo.”
Olhar: para baixo e à direita → acessando sentimentos profundos.
Incongruência: a fala tenta minimizar, mas o olhar revela um peso emocional de quem está sentindo algo que não verbalizou.
Pergunta: “O que você aprendeu com o seu maior erro profissional?”
Resposta: “Acho que ainda não cometi nenhum erro marcante.”
Olhar: para cima e à direita → criando imagem.
Incongruência: está tentando imaginar um erro “aceitável” para contar. A falta de conexão com a memória sugere que a resposta foi construída, e não vivida.
Pergunta: “O que você costuma dizer a si mesmo quando precisa sair da zona de conforto?”
Resposta: “Eu me jogo! Não penso muito, só vou.”
Olhar: não acessa o campo do diálogo interno (não olha para baixo e à esquerda).
Incongruência: a fala transmite segurança, mas o olhar não acessa o pensamento interno, então pode estar negando os próprios medos ou inseguranças.
Pergunta: “Se eu perguntasse ao seu líder anterior qual foi o seu maior desafio, o que você acha que ele diria?”
Resposta: “Acredito que ele só teria elogios.”
Olhar: para cima e à direita → criando cenário mental.
Incongruência: em vez de acessar uma lembrança real (olhar à esquerda), a pessoa está fantasiando uma resposta idealizada.

Pergunta: "Há algo que você sente que ainda precisa resolver na sua trajetória profissional?"
Resposta: "Não. Estou em paz com tudo o que vivi."
Olhar: para baixo e à direita → acessando sentimentos.
Incongruência: a fala tenta encerrar o assunto, mas o corpo acessa emoções. Pode haver algo mal-resolvido que não está sendo dito.

Esses movimentos são rápidos e sutis e acontecem em frações de segundo, mas podem ser observados em qualquer contexto, desde que você esteja atento e saiba exatamente aonde quer chegar com cada pergunta.

Agora que estamos avançando nesse assunto, vamos agregar mais elementos corporais! Já vimos o quanto os olhos revelam, mas eles não estão sozinhos.

A VOZ VERDADEIRA POR TRÁS DO DISCURSO

A voz carrega intenções, emoções e verdades que muitas vezes o conteúdo tenta disfarçar. É no ritmo, na pausa, na entonação e até na respiração entre as palavras que moram os sinais mais reveladores, porque não basta o que a pessoa diz; importa também como ela entrega o que está sentindo.

Sabe aquela sensação, ao falar ao telefone, mesmo sem ver o rosto, de *sentir* quando a pessoa está alegre, relutante, com medo, entusiasmada, sendo sarcástica, triste, mergulhada em diálogo interno...? Essa escuta atenta revela muito mais do que o discurso consciente.

O tom de voz está diretamente ligado ao estado emocional do momento e até ao nível de energia vital da pessoa. Ele pode ser influenciado por medos recentes, inseguranças ou situações que causam dúvida ou desconforto. Por isso, altera-se com facilidade e funciona como um reflexo imediato do que está sendo sentido, mesmo quando a fala soa perfeitamente controlada.

Na hora de decidir bem sobre pessoas, não basta ouvir o que é dito, é preciso perceber *como* é dito. O tom de voz carrega nuances emocionais que o conteúdo, por si só, muitas vezes não entrega.

Vejamos alguns padrões vocais frequentes e o que eles podem indicar na leitura mais apurada:

Tom de voz baixo, quase sussurrando

Pode indicar insegurança, medo de julgamento, relutância em se expor ou sensação de inferioridade. Mesmo com palavras positivas, o volume da fala revela desconexão com a emoção real e, em alguns casos, dificuldade em se posicionar ou realizar. Por exemplo, se a pessoa diz "Estou animada com o novo desafio" e sorri, mas a fala sai quase sem volume, há algo que não está plenamente alinhado internamente.

Esse padrão pode aparecer em profissionais que têm potencial, mas não conseguem se expressar com firmeza. Vale investigar se é uma questão de timidez passageira, falta de preparo ou de um bloqueio mais profundo. O verdadeiro risco está em ignorar esses sinais e acabar perdendo talentos que, embora sejam mais silenciosos, poderiam gerar grandes resultados.

Tom de voz alto ou forçado

Pode indicar ansiedade, desejo de provar algo, necessidade de controle ou medo de não ser ouvido. A pessoa força a presença pela voz, como se o volume validasse a autoridade ou a confiança dela. Por exemplo, ao afirmar "Tenho tudo sob controle", a voz se eleva mais do que o necessário, como se estivesse tentando convencer a si mesma.

Esse padrão é comum em quem ocupa espaços com intensidade, mas tem inseguranças não verbalizadas. É como se a pessoa falasse

Três aspectos fundamentais na linguagem corporal: emoção, razão e lateralidade.

O JOGO INVISÍVEL DAS DECISÕES
@IRACI_BOHRER

alto na tentativa de ser ouvida, muitas vezes por ela mesma! Aqui, é importante observar se há coerência entre a postura corporal, o olhar e o conteúdo ou se tudo parece "ensaiado".

Intervalo longo antes de responder

Pode indicar construção de discurso, busca por coerência ou medo de dizer algo fora do esperado. É como se a pessoa estivesse negociando internamente o melhor modo de responder, o que pode revelar distanciamento da própria verdade. Por exemplo, você pergunta algo simples como "O que mais realiza você no trabalho?", e a resposta só vem após cinco ou seis segundos. Essa pausa pode revelar que não há uma conexão imediata com o sentimento real. Nesse caso, é importante observar para onde os olhos se direcionam.

Esse sinal exige atenção, já que a pausa pode ser sinal de inteligência emocional (pensar antes de falar), mas também pode ser uma tentativa de controlar o que será dito para agradar ou mascarar incertezas. Observe o conjunto: respiração, olhar, postura.

Respiração ofegante ou irregular

Pode indicar ansiedade, tensão, conflito interno ou dificuldade de organizar pensamentos. A respiração se descompassa mesmo sem esforço físico, o corpo fala antes de a mente conseguir organizar a fala. Por exemplo, a pessoa mantém a fala calma, mas precisa retomar o fôlego com frequência, a respiração é superficial demais ou há pausas como se estivesse lutando para encontrar o ar e as palavras.

Esse padrão pode aparecer em situações de estresse, insegurança ou medo de se comprometer com a resposta real. Aqui, devemos ter atenção para não confundir com timidez. Já vi talentos incríveis "falharem" na voz porque o corpo ainda não aprendeu a acompanhar a capacidade interna. A dica é sempre cruzar esse dado com outros segmentos, como olhar, pescoço, mãos e ritmo do discurso.

Agora, desafio você a começar a juntar os segmentos. Falamos sobre lateralidade, expressão dos olhos e tom de voz. Cada um deles, isoladamente, já revela muito, mas é quando começamos a conectar esses sinais com as tensões expressas no corpo que a leitura se torna realmente poderosa.

Lembre-se: quanto mais segmentos você observar em conjunto, mais exata será a sua percepção e, consequentemente, a sua tomada de decisão. O corpo é um quebra-cabeça, e você está aprendendo a montar as peças certas, na ordem certa.

FOCO NO MOVIMENTO

Para os segmentos que veremos a seguir, quero propor um exercício simples e fundamental: observar as pessoas andando – na rua, no parque, na cafeteria, no ambiente de trabalho... onde for possível.

A partir de agora, falaremos de regiões do corpo que revelam muito quando estão em movimento. Por isso, mais do que olhar para uma foto ou uma pose estática, é preciso ver o corpo em ação. Quando um profissional chega para uma entrevista, por exemplo, o corpo já começa a falar antes mesmo de ele se sentar à sua frente. Então, observe o todo: o andar, o ritmo, a postura, o equilíbrio. É nesse movimento natural que os padrões tensionais aparecem com mais clareza, e é aí que o seu olhar começa a enxergar o que antes passava despercebido.[27]

---

27 Acautelo a você, leitor que, por mais útil que seja observar segmentos do corpo, essa leitura não deve se apoiar em fórmulas prontas. Cada parte traz pistas, mas é a coerência entre os segmentos que revela o real significado. A linguagem invisível só pode ser compreendida com um olhar integrado sobre o todo.

Cabeça: como a postura mental interfere na tomada de decisões

O modo como uma pessoa posiciona a cabeça é um dos pontos mais reveladores na Leitura do Invisível, especialmente quando falamos em decidir bem sobre pessoas. A cabeça é o centro da razão e do comando interno, então a posição dela transmite muito de como a pessoa pensa, decide e lida com a própria verdade. Em contextos profissionais, esses sinais ajudam a identificar níveis de racionalização, controle emocional, segurança interna e capacidade de se posicionar.

A seguir, vamos avaliar os três principais padrões de tensão na cabeça e o que eles podem revelar sobre o comportamento diante de decisões.

1. Cabeça projetada para a frente

A cabeça se inclina à frente do corpo, como se estivesse "pendurada" e desconectada da base que a sustenta (como se estivesse em uma guilhotina imaginária), pronta para se desprender da ação e do sentir, conduzida apenas pela razão. Indica uma mente acelerada, que tende a viver no plano das ideias. Há excesso de racionalização, e a pessoa pode ter dificuldade de tomar decisões práticas ou de integrar razão com emoção.

No contexto da decisão sobre pessoas, esse padrão pode aparecer em profissionais com discursos bem-elaborados, mas baixa capacidade de execução ou pouca conexão com a realidade emocional da equipe. O corpo parece dizer: "Penso demais, ajo de menos".

Sinais complementares comuns são braços finos, postura fechada e pouca presença física.

2. Cabeça projetada para trás

Por mais que a primeira impressão ao avistar esse padrão tensional possa parecer de uma pessoa segura, o significado é justamente o oposto. A ausência de objetivos ou insegurança de expor ideias é comum nesse padrão tensional. Apesar de transmitir uma imagem de segurança, esse padrão muitas vezes esconde insegurança, necessidade de aprovação e dificuldade para expressar ideias e emoções com autenticidade.

É comum em pessoas que sabem falar o que o outro quer ouvir, mas preferem não se comprometer com posicionamentos reais. Podem resistir a feedbacks ou evitar se envolver emocionalmente em decisões mais delicadas. O corpo basicamente diz: "Se eu parecer forte, ninguém vai notar as minhas dúvidas".

Sinais complementares comuns são tom de voz elevado, dificuldade em escutar e tendência a sustentar uma imagem de autoridade.

3. Cabeça muito encaixada no pescoço

Aqui, o pescoço quase desaparece, e a cabeça se comprime entre os ombros, criando uma imagem de retração e contenção. Revela uma pessoa com forte autocontrole, que guarda o que sente e pensa e dificilmente expressa a própria verdade emocional. Pode ter aprendido a "não se expor", para se proteger.

Esse padrão pode indicar profissionais com alto potencial interno, mas que não se mostram com clareza. São aqueles que dizem pouco, mas sentem muito e podem sabotar boas oportunidades por medo de julgamento ou erro. O corpo parece dizer: "É mais seguro guardar do que me revelar".

Sinais complementares comuns são voz baixa, ombros elevados, fala contida ou ensaiada.

MAPA DOS PADRÕES TENSIONAIS DA CABEÇA			
Padrão postural	Descrição física	Comportamento emocional predominante	Mensagem simbólica do corpo
Cabeça projetada para a frente.	Inclinada à frente, desconectada do corpo.	Racionalização excessiva; dificuldade em agir com base no sentir.	"Penso demais, ajo de menos."
Cabeça projetada para trás.	Inclinada para trás, com o peito estufado.	Tentativa de parecer seguro; esconde insegurança e necessidade de aprovação.	"Se eu parecer forte, ninguém vai notar as minhas dúvidas."
Cabeça muito encaixada no pescoço.	Pescoço retraído, cabeça comprimida entre os ombros.	Contenção emocional; dificuldade em se posicionar.	"Se eu mostrar o que sinto, posso perder o controle."

A leitura corporal não deve se apoiar em fórmulas prontas. Cada parte traz pistas, mas é a coerência entre os segmentos que revela o real significado.

Pescoço: a ponte entre o sentir e o expressar

O pescoço representa a nossa comunicação com o mundo, por meio tanto da expressão verbal quanto da emocional. É nesse segmento que se concentram muitas das tensões relacionadas ao controle ou à liberdade para expressar sentimentos e ideias. Não é por acaso que, quando deixamos de dizer algo importante, a garganta dá sinais: coça, aperta, arde ou trava.

No ambiente profissional, especialmente ao decidir bem sobre pessoas, o pescoço pode indicar se alguém se comunica com verdade ou se está reprimindo emoções e pensamentos por medo, insegurança ou necessidade de aceitação. As tensões mais comuns nesse segmento se manifestam de duas maneiras: pescoço expandido e pescoço encurtado.

1. Pescoço expandido lateralmente (largura aumentada)

Quando o pescoço se torna visivelmente mais largo que o natural, geralmente é resultado de uma tensão muscular mantida por muito tempo. O corpo cria volume ou enrijece a região como modo de segurar o que não pode ser expresso, como raiva, frustração, tristeza e medo. Essa imagem lembra uma coleira simbólica, algo que restringe o movimento emocional. É como se a pessoa estivesse presa por uma corrente invisível, sustentada por padrões de comportamento, expectativas ou crenças que limitam a liberdade emocional.

A pessoa tende a manter uma postura controlada, evitando demonstrar sentimentos mais intensos. Sustenta uma imagem forte, mas vive em alerta interno, temendo que qualquer brecha emocional abale essa estrutura. O corpo parece dizer: "Se eu relaxar, vou me descontrolar".

Esse padrão pode surgir em profissionais que aparentam confiança, mas não criam vínculos reais. Na liderança, tendem a impor controle, mas têm dificuldade em ouvir e acolher emocionalmente a equipe. Em entrevistas, podem parecer seguros, mas não acessam as emoções com naturalidade.

2. Pescoço encurtado

O pescoço quase desaparece entre a cabeça e os ombros. É como se a pessoa estivesse tentando se proteger, se recolher emocionalmente ou passar despercebida. Essa tensão costuma estar ligada a valores rígidos, medo de julgamento ou experiências em que se expressar gerou dor ou punição; por isso, aprendeu a não se mostrar, guardando opiniões e emoções como forma de autoproteção. O corpo parece dizer: "É melhor não me expor".

A pessoa sente e pensa, mas se censura antes de se expressar. Há uma dificuldade de se posicionar com segurança. Em contextos desafiadores, prefere se calar a correr o risco de ser mal interpretada. Esse padrão é comum em pessoas com grande potencial interno, mas que não se mostram com clareza. Em processos seletivos, tendem a responder o necessário, sem revelar quem são de verdade. Na liderança, podem ser vistas como neutras, mas na verdade sentem muito e dizem pouco, o que afeta a comunicação, o alinhamento e a confiança.

MAPA DOS PADRÕES TENSIONAIS DO PESCOÇO

Padrão postural	Descrição física	Comportamento emocional predominante	Mensagem simbólica do corpo
Pescoço expandido lateralmente.	Pescoço mais largo que o natural, com musculatura tensa e rígida.	Contenção emocional intensa; esforço para manter o controle e sustentar uma imagem forte.	"Se eu relaxar, vou me descontrolar."
Pescoço encurtado.	Pescoço retraído, quase desaparecendo entre a cabeça e os ombros.	Autocensura; medo de julgamento; dificuldade de se posicionar ou se mostrar.	"É melhor não me expor."

Ombros

Os ombros revelam como a pessoa lida com responsabilidade, pressão e ação no mundo, assim como a maneira como se posiciona entrega se alguém está pronto para sustentar a função ou se carrega mais do que deveria (ou menos do que consegue).

No processo de decidir bem sobre pessoas, os ombros ajudam a revelar autonomia, sobrecarga ou retração emocional. Tradicionalmente associados a trabalho e esforço, os ombros são a estrutura que nos permite avançar, defender, atacar ou suportar desafios. Quando estamos cansados ou emocionalmente sobrecarregados, eles caem, se retraem, enrijecem ou desmoronam.

Sabe aquela imagem de alguém com os ombros caídos, como se carregasse o mundo nas costas? Ou, ao contrário, tão fracos que parecem mal conseguir se sustentar? Observar esse segmento mostra quem está firme e presente e quem está à beira do colapso emocional ou físico.

Três padrões tensionais são mais comuns nos ombros:

1. Ombros elevados e tensos

Esse padrão indica estado de alerta e autossuficiência forçada. A pessoa tende a assumir tudo para si, mesmo o que não cabe a ela. Há um excesso de controle, como se estivesse sempre pronta para agir ou se defender. Vale também observar a lateralidade da tensão, para saber em qual área da vida está carregando mais do que consegue.

É comum em pessoas que tendem a centralizar decisões, não pedem ajuda e têm dificuldade em delegar. Na liderança, correm o risco de criar um ambiente de sobrecarga silenciosa e pouca escuta. O corpo parece dizer: "Se eu não carregar, tudo vai desmoronar".

2. Ombros caídos ou estreitos

Cansaço, desistência e baixa autoestima se tornam visíveis nesse padrão. O corpo não se sustenta, como se faltasse energia ou conexão com o próprio papel. Surge a dificuldade em assumir ou sustentar responsabilidades. É como se o corpo gritasse: "Eu não dou conta".

É um sinal de alerta para desalinhamento emocional, insegurança ou desmotivação. Esses profissionais podem ter talento, mas não mostram energia vital suficiente para ocupar o espaço que desejam ou que o cargo exige.

3. Ombros largos e estáveis

Na forma de sentir e agir, esse padrão mostra presença, firmeza e prontidão. A pessoa ocupa o próprio espaço com equilíbrio emocional e estrutura para sustentar decisões e relações. Não se retrai nem se impõe, apenas se posiciona com naturalidade. O corpo parece dizer: "Eu posso sustentar o que me cabe".

No contexto de decidir bem sobre pessoas, é um sinal de maturidade emocional e preparo para cargos que exigem sustentação e autonomia. Mostra alguém capaz de lidar com pressão sem colapsar nem endurecer.

MAPA DOS PADRÕES TENSIONAIS DOS OMBROS

Padrão postural	Descrição física	Comportamento emocional predominante	Mensagem simbólica do corpo
Ombros elevados e tensos.	Próximos ao pescoço, enrijecidos, como se carregassem algo pesado.	Alerta constante, excesso de responsabilidade, tentativa de controle.	"Se eu não carregar tudo, vai desmoronar."
Ombros caídos ou estreitos.	Caídos à frente, inclinando o corpo, ou estreitos e recolhidos.	Desânimo, sensação de impotência, dificuldade em sustentar decisões.	"Eu não dou conta."
Ombros largos e estáveis.	Abertos, alinhados com a postura, sustentados com naturalidade.	Presença, equilíbrio emocional, prontidão para assumir e manter responsabilidades.	"Eu posso sustentar o que me cabe."

Braços e mãos: saindo do campo das ideias e partindo para a execução

Se a cabeça pensa, os braços agem. É por meio deles que colocamos no mundo aquilo que imaginamos, e fazemos isso construindo, tocando, criando, empurrando, afastando, acolhendo e confrontando. Os braços são a extensão do que sentimos e, principalmente, do que conseguimos realizar.

Mas, antes de observar esse segmento, lembre-se de um ponto essencial: a lateralidade. O braço, o antebraço e a mão do lado direito refletem ações ligadas à razão, enquanto o lado esquerdo representa ações guiadas pela emoção. Esse detalhe aprofundará ainda mais a sua leitura corporal.

Além disso, os braços e as mãos revelam com clareza o nível de energia vital de uma pessoa. Quer um exercício simples? Observe as pessoas caminhando em um parque: há quem movimente os braços com leveza e firmeza, ocupando bem o espaço; outros os movimentam em desalinho com o compasso natural do corpo; há ainda quem caminhe com os braços imóveis, tensionados ou colados ao corpo, como se carregassem algo invisível e pesado.

Estendendo essa análise até as mãos, captamos sinais ainda mais sutis. Já viu alguém correndo ou andando com a mão fechada, como se estivesse segurando algo que não quer (ou não pode) soltar? Na maioria das vezes, esse gesto revela apego emocional, algo não resolvido internamente, sendo um símbolo silencioso de que o corpo ainda carrega o que a mente tenta deixar para trás.

1. Braços com excesso de movimento (e sem direção)

O movimento descoordenado e exagerado dos braços pode indicar energia de execução disponível, mas sem foco ou clareza de direção. A pessoa tem vontade de agir, mas acaba se perdendo no meio do caminho por falta de alinhamento interno. O corpo parece dizer: "Eu quero fazer, mas não sei exatamente o que ou como".

Profissionais com esse padrão geralmente executam com facilidade, mas precisam de uma liderança próxima e ativa que os ajude a canalizar essa energia para objetivos claros. Sozinhos, podem dispersar, agir demais e entregar pouco.

2. Braços sem movimento (colados ao corpo)

A ausência de movimento nos braços revela dificuldade de sair do plano das ideias e ir para a prática. São pessoas que pensam muito, planejam bem, mas têm travas na hora de concretizar. O corpo parece dizer: "Eu penso bem, mas não sei como agir".

Esse estilo geralmente indica profissionais com potencial intelectual elevado, mas que precisam de suporte ou parceria para transformar pensamentos em ação. Costumam funcionar melhor em duplas ou times complementares, de modo que alguém os ajude a pôr em prática o que idealizam.

MAPA DOS PADRÕES TENSIONAIS NOS BRAÇOS

Padrão postural	Descrição física	Comportamento emocional predominante	Mensagem simbólica do corpo
Braços com excesso de movimento (e sem direção).	Movimentos amplos, descoordenados ou agitados, sem acompanhar o corpo.	Energia de ação disponível, mas sem foco ou direção; dispersão.	"Quero fazer, mas não sei como ou para onde ir."
Braços sem movimento (colados ao corpo).	Braços imóveis ou muito próximos ao corpo, sem acompanhar a fala ou o andar.	Dificuldade de concretizar ideias, tendência a permanecer no plano mental.	"Penso muito, mas não sei como agir."

Peito e coluna: identidade afetiva, necessidades básicas e estruturais

A região do peito e da coluna carrega uma riqueza única na Leitura do Invisível. O peito revela a forma como lidamos com as emoções: se conseguimos nos abrir para o outro, se nos retraímos ou se bloqueamos a entrega afetiva. A coluna, por sua vez, é o centro da sustentação (física e simbólica) da nossa identidade, indicando como nos mantemos firmes (ou não) diante das exigências da vida.

Observar peito e coluna juntos é essencial para decidir bem sobre pessoas, porque revelam se o profissional está conectado com a própria verdade emocional e é capaz de se sustentar em quem é ou se está vivendo a partir de um papel, de uma armadura (couraça) ou de uma versão antiga de si mesmo da qual já não dá conta.

No corpo, essa coerência (ou esse conflito) entre sentir, sustentar e se mostrar ao mundo aparece com clareza.

Vamos aos dois padrões tensionais mais comuns:

1. Postura fechada: peito retraído com ombros projetados para a frente

Essa postura revela uma desconexão entre o que a pessoa sente e o que consegue expressar. Há uma tendência a guardar tudo para si, como se não soubesse ou não pudesse comunicar necessidades. O corpo parece dizer: "Prefiro não incomodar, então fico aqui no meu canto".

Emocionalmente, ela se retrai, ocupa pouco espaço e carrega o peso do que não é dito, como se esperasse que os outros percebessem o que ela mesma não consegue pedir. É um corpo que se encolhe para não incomodar, mas grita em silêncio por acolhimento.

No contexto profissional, pode ser alguém com potencial interno, mas baixa autoconfiança, que tem receio de se expor, errar ou se afirmar, e pode acabar não ocupando o lugar que de fato tem competência para sustentar.

2. Postura aberta: peito estufado com coluna rígida e ereta

Demonstra rigidez emocional, autocontrole excessivo e forte autocobrança. A pessoa tende a carregar tudo sozinha, não pedir ajuda e manter uma postura de força, mesmo quando está esgotada. O corpo parece dizer: "Eu preciso dar conta, não posso falhar".

É um perfil que aparenta firmeza e responsabilidade, mas pode ter dificuldades em flexibilizar, delegar e criar relações mais humanas. Costuma liderar com exigência, mas sem espaço para vulnerabilidade.

Nesse segmento, há um padrão de incongruência muito comum na leitura do invisível: quando você quer saber se a pessoa à sua frente está realmente conectada com você, observe a direção do peito. Se vocês estão frente a frente, mas o peito dela não está voltado na mesma direção que o seu, há um desalinhamento. O que ela diz pode até soar convincente, mas não é o que sente de verdade. É um discurso, mas sem presença.

MAPA DOS PADRÕES TENSIONAIS DO EIXO PEITO-COLUNA			
Padrão postural	Descrição física	Comportamento emocional predominante	Mensagem simbólica do corpo
Postura fechada: peito retraído com ombros projetados para a frente.	Ombros projetados para a frente, peito fechado, coluna inclinada e corpo encolhido.	Fragilidade emocional, retração, dificuldade de expressar necessidades e sustentar o próprio valor.	"Prefiro não incomodar, então fico aqui no meu canto."
Postura aberta: peito estufado com coluna rígida e ereta.	Peito projetado para a frente, postura ereta e rígida, sem flexibilidade.	Autocontrole excessivo, rigidez, autoexigência, dificuldade em pedir ajuda ou demonstrar vulnerabilidade.	"Eu preciso dar conta. Não posso falhar."

Quadril: centro de estabilidade, impulso e relação com o próprio desejo

No corpo, nenhuma tensão é realmente isolada, e cada área que se contrai ou se desconecta traz compensações em outras regiões. Poucas áreas expressam isso com tanta força quanto o quadril, um dos pontos mais controlados do corpo quando o assunto são emoções e impulsos.

O quadril está diretamente ligado ao modo como nos permitimos sentir, agir e nos mover no mundo. É ali que habitam o prazer de viver, o impulso criativo, a força vital, a autonomia, o desejo e a coragem de avançar. Quando está livre e integrado ao restante do corpo, o quadril expressa fluidez, presença e iniciativa. Já quando está bloqueado, rígido ou sobrecarregado, revela conflitos profundos com a entrega, o prazer, o impulso e a liberdade de escolha.

Essa região também é um espelho da relação entre firmeza e flexibilidade: se a pessoa está disponível para o novo ou está presa a padrões antigos que a impedem de se mover.

No processo de decidir bem sobre pessoas, o quadril revela muito mais do que apenas a postura física, mostrando como a pessoa lida com a própria energia de ação, se consegue sustentar desejos com presença ou se recua por medo do que pode sentir. Revela se ela avança com autonomia ou se vive contida, tentando controlar aquilo que, internamente, a move.

Dois padrões tensionais são mais comuns no quadril:

1. Quadril travado e contraído (para a frente ou para trás)

Esse padrão revela medo de se soltar, de agir com liberdade ou de lidar com o próprio desejo. O quadril se enrijece, muitas vezes sendo projetado para a frente (em alerta) ou retraído (em defesa), e a pessoa perde mobilidade emocional e física. Há dificuldade de se lançar com confiança, como se algo estivesse sempre segurando o movimento e freando a alegria de viver.

Pode indicar profissionais com dificuldade de iniciativa, pouca flexibilidade emocional ou resistência ao novo. Pessoas que podem ter energia acumulada, mas não sabem como usá-la de maneira estruturada, que vivem no controle, evitam riscos e têm medo das próprias reações quando pressionadas. O corpo parece dizer: “Se eu me soltar, o que acontece?”.

2. Quadril solto em excesso (muito movimento, sem integração com o corpo)

O movimento exagerado do quadril, seja como um balanço, seja solto demais, pode indicar energia desorganizada, impulsividade ou tentativa de compensar inseguranças profundas com expressão corporal exagerada. Esse tipo de mobilidade nem sempre é sinal de liberdade; muitas vezes, é uma maneira inconsciente de dramatizar, chamar atenção ou mascarar instabilidade interna.

Esse padrão pode surgir em profissionais que agem demais, mas sustentam pouco, que têm uma presença marcante, mas podem ser inconsistentes, dramáticos ou ter dificuldade em manter constância e entrega real. O corpo parece dizer: "Olhe para mim, estou aqui... mas talvez eu fuja logo".

MAPA DOS PADRÕES TENSIONAIS DO QUADRIL

Padrão postural	Descrição física	Comportamento emocional predominante	Mensagem simbólica do corpo
Quadril travado e contraído.	Pouca mobilidade, travado, sem oscilação no caminhar.	Controle excessivo sobre o desejo, contenção da entrega e da iniciativa.	"Não posso me soltar, preciso manter o controle."
Quadril muito solto.	Movimento exagerado, em descompasso com o caminhar.	Chamar atenção, dramatizar, instabilidade interna.	"Olhe para mim, estou aqui."

Pernas, joelhos e coxas: estrutura de apoio, confiança ou medo de falhar

Nesse segmento está representada a estrutura de apoio, que sustenta não só o corpo, mas também as decisões e o modo como nos posicionamos no mundo. É por elas que percebemos como alguém se estrutura para viver: alguns têm estruturas firmes, que dão conta da pressão; outros revelam instabilidade, como se estivessem sempre se equilibrando para simplesmente permanecer em pé. Elas mostram se a pessoa caminha com confiança ou se avança com medo de cair.

É essencial para revelar como a pessoa se apoia na vida, se está bem estruturada para sustentar escolhas ou se caminha com dificuldade, buscando equilíbrio a cada passo. Um detalhe sutil, mas poderoso é a lateralidade: quando alguém apoia mais o peso na perna direita, tende a confiar mais no outro do que em si. Já quando o apoio se concentra na esquerda, é sinal de que confia mais em si mesma e tem mais dificuldade em confiar nos outros.

No processo de decidir bem sobre pessoas, observar o movimento das pernas (firmeza, ritmo, equilíbrio, apoio e fluidez) revela o quanto alguém está estruturado para caminhar com autonomia e consistência, se a pessoa sustenta o que deseja com o corpo ou se apenas fala, mas não se move com verdade.

Dois padrões tensionais são mais comuns nas pernas:

1. Padrão "pilar rígido"

Com pernas firmes demais, joelhos travados e tornozelos duros, o corpo se mantém em pé à força, resistindo à flexibilidade. Esse padrão revela autocontrole intenso, medo de ceder e dificuldade em lidar com mudanças. A pessoa sustenta tudo sozinha, mas com rigidez. O corpo parece dizer: "Se eu me curvar, desmorono; então, fico firme".

Pode indicar um profissional que se mostra forte, mas é inflexível, com dificuldade de se adaptar ou de confiar no outro. Tende a resistir a novas ideias ou formatos de trabalho, preferindo o controle à colaboração.

2. Padrão "caminho frágil"

Com pernas instáveis, joelhos soltos demais e tornozelos sem firmeza, a pessoa avança com hesitação, como se buscasse equilíbrio a cada passo. Revela insegurança, falta de apoio interno e dificuldade de sustentar o que inicia. O corpo parece dizer: "Quero seguir, mas não sei se dou conta".

Pode sinalizar alguém que deseja contribuir, mas ainda não tem estrutura emocional ou clareza suficiente para manter a constância. Oscila entre o entusiasmo e a dúvida, entre o agir e o recuar.

MAPA DOS PADRÕES TENSIONAIS DAS PERNAS

Padrão postural	Descrição física	Comportamento emocional predominante	Mensagem simbólica do corpo
Pilar rígido.	Pernas duras, joelhos travados, pouca flexibilidade.	Necessidade de controle, resistência emocional, medo de se dobrar ou ceder.	"Se eu me curvar, desmorono."
Caminho frágil.	Pernas instáveis, base oscilante, desequilíbrio.	Insegurança interna, dificuldade de sustentação e confiança no próprio passo.	"Quero seguir, mas não sei se consigo."

A análise desse segmento precisa ser complementada com a leitura dos pés. O posicionamento, a firmeza e a direção dos pés indicam a confirmação final da leitura: se há sustentação real, se há fuga, travamento ou desequilíbrio sutil. Os pés encerram o movimento e, por isso, costumam revelar o que o resto do corpo ainda tenta esconder.

Pés: onde começa o movimento (de verdade)

Ao observar alguém, é comum que a atenção se volte para o rosto, o tom de voz e a postura, mas, quando se trata de decidir bem sobre pessoas, são os pés que silenciosamente revelam para onde elas realmente estão indo.

Os pés funcionam como um timão interno, responsáveis por indicar e manter a direção do movimento. É por meio deles que se constrói a fluidez para avançar ou, ao contrário, o bloqueio que impede o caminhar. No modo como os pés tocam o chão, revelam-se posturas internas diante da realidade e das escolhas que precisam ser sustentadas.

A posição dos pés indica muito mais do que se imagina, e certos padrões de tensão são bastante comuns: pés voltados para fora indicam dispersão de energia e foco, enquanto pés voltados para dentro refletem retenção e contenção emocional.

Não é raro que cada pé siga uma direção. Por isso, vale lembrar da lateralidade: lado direito = razão; lado esquerdo = emoção.

Dois padrões tensionais são mais comuns nos pés:

1. Pés para fora

Pés abertos, voltados para fora, indicam dispersão, falta de foco e dificuldade de direcionar a energia para um caminho claro. A pessoa pode até estar em movimento, mas muitas vezes sem uma direção bem-definida. Há uma tendência a se distrair ou se perder ao longo do percurso. O corpo parece dizer: "Quero tudo ao mesmo tempo, mas não sei por onde começar".

Esse padrão pode indicar profissionais com boa energia e abertura, mas que precisam de apoio na organização, na priorização e na tomada de decisões com foco. Tendem a se movimentar muito, mas sem concluir com firmeza.

2. Pés para dentro

Pés voltados para dentro indicam contenção, autodefesa e retenção da própria energia. A pessoa se fecha, evita se expor ou tem medo de errar. O corpo se retrai, e o movimento para o mundo também. O corpo parece dizer: “É melhor me proteger do que me arriscar”.

Pode indicar alguém com grande potencial interno, mas que ainda está preso a inseguranças ou medos, o que dificulta a iniciativa e a expressão plena. Tende a ser um indivíduo mais introspectivo e a hesitar diante de decisões importantes.

MAPA DOS PADRÕES TENSIONAIS DOS PÉS

Padrão postural	Descrição física	Comportamento emocional predominante	Mensagem simbólica do corpo
Pés para fora.	Pés abertos, voltados para lados opostos, desalinhados.	Dispersão de foco, dificuldade de priorizar, energia desviada do objetivo.	"Estou fazendo muito, mas não sei bem para onde estou indo."
Pés para dentro.	Pés voltados para dentro, postura recolhida, base encolhida.	Retenção, medo de exposição, insegurança no avanço e autodefesa.	"É melhor me proteger do que me arriscar."

Encerramos aqui um mergulho essencial na leitura do corpo: exploramos os segmentos, compreendemos como as tensões revelam padrões emocionais e comportamentais, assim como ampliamos a nossa capacidade de perceber o invisível.

Agora, é hora de dar um passo adiante, porque não basta apenas observar, é preciso saber decidir. E, mais do que isso, decidir com segurança e responsabilidade, especialmente quando estamos falando de pessoas, trajetórias e vidas que se conectam ao nosso trabalho e às escolhas que fazemos.

8

A ARTE DE DECIDIR COM SEGURANÇA E EFICÁCIA

Neste capítulo, abordaremos as ações conscientes: sair do campo da leitura e entrar no campo da escolha, agora com base em evidências, percepções claras e alinhamento entre razão, emoção e intuição.

Decidir bem é uma habilidade treinável e que se aplica em diferentes contextos – e é justamente aí que mora a força dela. Para selecionar um novo talento, promover um colaborador, escolher um fornecedor ou formar uma parceria de negócios, acredito que você já entendeu o quanto uma escolha malfeita pode custar tempo, energia, dinheiro e, ainda, comprometer a saúde de relações que exigem confiança, clareza e integridade.

Agora, vamos aprender a usar tudo o que já exploramos até aqui como suporte prático para decisões mais acertadas. Vamos conectar a Leitura do Invisível à análise estratégica de perfis e atitudes para que você transforme percepção em decisão consciente.

PROCESSOS SELETIVOS: ALÉM DO CURRÍCULO, O CORPO ENTREGA

Na entrevista, tudo comunica. E o corpo entrega antes da fala. Observar o olhar, a respiração, os movimentos dos braços e as tensões nos ombros e no pescoço nos permite perceber autenticidade, desconexão ou insegurança.

Um candidato pode dizer que está empolgado, mas olhar para cima e à direita (criando uma imagem), mantendo a respiração superficial e os ombros tensos. O discurso diz "sim", mas o corpo expressa o conflito. Por outro lado, há quem fale com simplicidade e até timidez, mas tenha coerência entre a fala, o olhar e a presença física, e isso vale mais do que frases prontas.

Na dúvida, confie na harmonia entre segmentos, pois é ela que diferencia um candidato ensaiado de um profissional pronto.

PROMOÇÕES INTERNAS: SUSTENTAR É MAIS DO QUE PERFORMAR

Promover alguém exige mais do que reconhecer entregas, pois considera perceber se a pessoa tem estrutura emocional para ocupar e sustentar um novo papel. A Leitura do Invisível revela quando alguém ainda busca validação, teme se expor ou carrega o peso de se provar o tempo todo. Em cargos de liderança, o cuidado deve ser redobrado!

Por exemplo:

- Ombros elevados e pescoço muito encaixado na cabeça podem sinalizar sobrecarga emocional e dificuldades de expressão.
- Cabeça projetada à frente revela excesso de racionalização e pouca ancoragem emocional.
- Voz que sobe de tom ou perde ritmo pode indicar dúvida interior.

Quem ainda não ocupa o próprio corpo com segurança dificilmente ocupará um cargo com firmeza. Decidir bem aqui é evitar a promoção de quem ainda não consegue se sustentar, dando o tempo necessário para que essa estrutura interna seja construída antes de a oportunidade de ocupar uma nova vaga ser oferecida.

Tudo comunica. E o corpo entrega antes da fala.

O JOGO INVISÍVEL DAS DECISÕES
@IRACI_BOHRER

PARCERIAS E FORNECEDORES: QUEM ENTREGA CONFIANÇA SEM PRECISAR FALAR

A escolha de um parceiro de negócios ou fornecedor não se baseia apenas em portfólio ou propostas; deve-se ler a intenção por trás da fala.

Na conversa, perceba:

- a firmeza no aperto de mão;
- a postura durante uma negociação;
- o olhar quando surge uma objeção.

Se o corpo se retrai, a mão se fecha, o olhar foge e a cadeira fica agitada, há insegurança ou resistência. Se a fala é suave, mas o corpo quer dominar, talvez a escuta não esteja presente.

Decidir bem nesse contexto é evitar fechar contratos com pessoas que dizem "sim", mas demonstram desconexão, rigidez ou falta de abertura logo no primeiro encontro.

Talvez agora você esteja se perguntando: existe a pessoa ideal? Existe um corpo perfeito, sem traumas? Existe alguém totalmente resolvido emocionalmente? A verdade é que todos carregamos marcas, o que muda é a maneira como lidamos com elas.

E se decidir bem não for escolher "o melhor", e sim quem faz sentido para o momento? E se a melhor pessoa para o cargo for justamente aquela que aprendeu com as próprias cicatrizes?

Decidir bem não significa escolher a pessoa ideal, e sim quem sustenta o que é, no aqui e agora. Eu explico: todos temos traumas, muitos deles desde a mais tenra idade; o que varia é a intensidade com que esses traumas se manifestam. À medida que são reconhecidos e ressignificados, o corpo muda, e a estrutura fisiológica acompanha essa transformação.

A essa altura, talvez a pergunta seja: como escolher entre o talento que parece mais promissor e aquele que realmente faz sentido para o time ou para os negócios?

A resposta não está no que brilha, mas no que sustenta.

O candidato mais promissor pode encantar no papel, impressionar na fala, se destacar nos números, mas a verdadeira escolha está na coerência entre discurso, presença e prontidão. É por isso que a Leitura do Invisível importa, já que revela o que os olhos não mostram à primeira vista, como a intenção por trás da fala, o peso que a pessoa carrega, o quanto ela está presente de verdade no aqui e agora.

Decidir bem é escolher quem tem estrutura para caminhar com você no que vem depois. No fundo, a essência de toda escolha humana que dá certo é sentir que, mesmo imperfeita, a pessoa está ali inteira. Pronta. Sustentando quem é.

Existe alguém sem traumas? A resposta é simples: não.

Todos carregamos histórias, bloqueios, dores e defesas. Por isso, antes de decidir bem sobre pessoas, avalie a real necessidade e, com firmeza, coloque o coração em modo avião. Escolher bem exige mais do que técnica; exige presença, coragem e verdade.

Decidir bem sobre pessoas não é buscar quem não erra ou quem parece perfeito no papel, é identificar quem está pronto para ocupar um espaço com inteireza, coerência e abertura para crescer. O corpo não aceita máscaras, porque exige verdade.

9

A DOR DAS ESCOLHAS DIFÍCEIS

Contratações bem-sucedidas pedem celebração. O difícil é lidar com o dilema de reposicionar ou desligar alguém. É aí que se revela a essência de decidir bem sobre pessoas, para manter o padrão de excelência e assegurar o futuro da empresa. Poucas tarefas são tão delicadas para a liderança.

Depois de passar por todos os passos anteriores, é provável que você tenha se lembrado de algumas pessoas do seu time, especialmente daquelas que não estão entregando aquilo de que a empresa precisa. E aqui vai a provocação: é mesmo válido mantê-las na sua equipe?

Nem sempre a solução é o desligamento. Muitas vezes, um reposicionamento interno resolve o impasse. Quando o desempenho técnico é sólido e os valores combinam, mas a função exige competências comportamentais ainda em desenvolvimento, a mudança de cadeira pode reacender a energia e a entrega. Redirecionar talentos para funções ou áreas mais alinhadas ao perfil renova o entusiasmo, aumenta a motivação e impulsiona resultados.

Há momentos em que não existe outra saída, e é hora de encerrar ciclos. Liderar exige coragem para reconhecer quem trava resultados, relacionamentos e o crescimento da empresa. É nesse ponto que entra o turnover provocado, em uma decisão consciente e estratégica de reconfigurar a equipe.

Não é punição nem demissão em massa. É um movimento deliberado para corrigir desalinhamentos de performance, comportamento ou valores. Empresas que escolhem essa rota entendem que manter talentos desalinhados custa mais caro do que os substituir. Quando a meta é mudança cultural, quebra de padrões ou elevação da performance, essa escolha deixa de ser dura e se torna transformadora. Há casos de companhias que desligaram uma parcela significativa da diretoria para alinhar a liderança a uma nova visão. Afinal, se os líderes não se engajam no necessário, os colaboradores também não o farão. Em startups em fase de escalada, também é comum que ajustes no time sejam feitos rapidamente para sustentar o ritmo de crescimento.

Mas atenção: essa é uma decisão drástica e precisa ser usada com cautela, principalmente porque a transferência de conhecimento pode ser impactada, e isso deve ser gerido com inteligência. De todo modo, não se engane, pois existem benefícios.

Ainda noto muitos empresários se tornando reféns de colaboradores considerados "de confiança" e que, mesmo sem entregar o necessário, permanecem intocáveis no time. Costumam me dizer: "Me dá uma dor no coração. Quero tentar ajudar, ele precisa de ajuda", e passam anos tentando recuperar quem, na prática, já se desligou emocionalmente da entrega.

Entendo que desligar é difícil, afinal somos seres humanos lidando com seres humanos, mas a liderança exige coragem para fazer escolhas difíceis. A empresa precisa de resultados, porque, sem eles, a roda não gira.

Você pode (e deve) usar critérios humanizados no processo demissional, respeitando a história de cada profissional, sem deixar de assegurar o melhor para o negócio.

QUANDO O TURNOVER PROVOCADO DEVE SER CONSIDERADO?

Antes de desligar alguém, avalie três pontos:

1. desempenho abaixo do esperado;
2. desalinhamento de valores ou comportamento;
3. custo de manutenção: impacto no time, nos clientes ou no caixa.

Se dois desses fatores persistem, não é mais dúvida: é hora de agir com turnover provocado.

Quero trazer uma situação que facilitará o seu entendimento. Conheci um profissional que havia sido contratado para ocupar a posição de diretor comercial em uma empresa. Ele já enfrentava um conflito pessoal fazia bastante tempo, embora estivesse na posição havia apenas um ano. Ao contratá-lo, a companhia não tinha conhecimento dessa situação e, quando soube, optou por tentar recuperá-lo.

Foram cerca de dez meses de tentativas, com planos de ação, suporte, conversas. Ainda assim, as metas e os resultados permaneceram aquém do esperado, e o impacto foi além: a rotatividade do time de vendas aumentou 25%.

O que você faria nesse caso? Apesar do dilema pessoal do profissional, após onze meses, a empresa tomou a decisão de buscar um novo diretor no mercado. E onde estava o erro? Na contratação.

SINAIS DE QUE A DEMISSÃO DEVE SER O PRÓXIMO PASSO

A reflexão que importa aqui é: a sua empresa estaria disposta a pagar esse preço? Vendas caindo mês a mês, o time comercial desmoronando, tudo isso apenas para tentar "recuperar" um profissional que já não sustenta a entrega necessária? Se a resposta tende ao "não", observe os sinais a seguir, que indicam quando a demissão precisa acontecer.

- Quando a performance está abaixo do esperado por tempo prolongado, comprometendo metas e resultados.
- Quando o padrão de excelência da empresa começa a ser colocado em risco.
- Quando o clima da equipe é impactado por conflitos recorrentes ou atitudes desalinhadas.

- Quando há resistência a feedbacks ou falta de resposta a oportunidades de desenvolvimento.
- Quando o profissional não acredita mais no propósito da empresa – e o time sente isso.
- Quando manter essa pessoa custa mais para a cultura e a equipe do que a coragem de encerrar o ciclo.
- Quando o profissional se torna resistente aos valores da empresa, mesmo entregando tecnicamente.

Antes de tudo, saiba que humanizar não é evitar a decisão difícil; é torná-la mais digna para todos os envolvidos. Então, é importante saber que a demissão não acontece do dia para a noite, salvo exceções graves, como infrações éticas ou violações dos valores da empresa. Também vale entender que não é responsabilidade do time de Recursos Humanos (com algumas exceções específicas) comunicar a decisão de desligamento. A responsabilidade é do superior imediato.

Se o colaborador for pego de surpresa pela demissão, é sinal de que o gestor, líder ou empresário construiu o processo de maneira equivocada e falhou no processo de gestão. Sim, a demissão é uma construção. Assim como o processo de contratação, ela exige etapas bem-estruturadas, comunicação clara e alinhamento contínuo.

COMO CONSTRUIR UM PROCESSO DEMISSIONAL HUMANIZADO?

1. **Comece com feedbacks estruturados**: realize de duas a três conversas focadas exclusivamente no desempenho profissional – nunca em aspectos pessoais. Fale abertamente sobre as dificuldades percebidas e se coloque à disposição para ajudar na superação dos desafios. Registre por escrito os combinados e os prazos definidos.

2. **Investigue possibilidades de adaptação:** questione se o colaborador precisa de novas ferramentas, se está adaptado à função atual ou se poderia se encaixar melhor em outro setor. Ouça com atenção e dê espaço para a fala ativa desse profissional.
3. **Considere fatores pessoais:** mapeie se o fato de o desempenho estar abaixo do esperado tem ligação com fatores pessoais temporários. Lembre-se: vida pessoal e vida profissional se entrelaçam, e uma impacta diretamente a outra.
4. **Acompanhe e ofereça suporte real:** após as conversas iniciais, acompanhe o colaborador por um período. Oriente, esteja presente e busque, de fato, apoiar o desenvolvimento dele.
5. **Se não houver avanço, retome a conversa com clareza:** volte a se reunir com o colaborador. Questione quais dificuldades ele ainda enfrenta e exponha o seu ponto de vista, indicando que os resultados ainda não estão atingindo o esperado e que mudanças precisam ocorrer em um prazo determinado.
6. **Realize um novo ciclo de apoio e monitoramento:** após a nova conversa, ofereça mais uma oportunidade de evolução, mantendo o acompanhamento próximo e direcionado. Consolide indicadores (entregas, prazos, feedbacks) para tomar uma decisão baseada em fatos e dados.
7. **Avalie os resultados do apoio:** se, mesmo com todo suporte, não houver avanços consistentes, o processo de desligamento deve ser considerado. Certifique-se de que você fez tudo o que era possível antes de tomar a decisão.
8. **Conduza o desligamento com franqueza e sensibilidade:** aja com verdade até onde for legalmente possível e sempre com muito respeito. O objetivo é colaborar para que o profissional enxergue os pontos de melhoria e não saia traumatizado da experiência.

E se houver questões graves? Obviamente, em certas situações, essa construção não é possível. Questões comportamentais graves ou atitudes que ferem os valores da empresa exigem ações imediatas e, nesses casos, não há outra saída a não ser o desligamento direto.

ENTREVISTA DE DESLIGAMENTO: UM APRENDIZADO IMPORTANTE

Até mesmo das demissões difíceis é possível extrair aprendizados. A entrevista de desligamento é uma excelente ferramenta para mapear pontos de melhoria na gestão, nos processos e na cultura organizacional, desde que a escuta seja feita com imparcialidade e por alguém que não tenha tido vínculo direto de supervisão com o colaborador desligado.

Escutar é essencial, mas agir em relação ao que é revelado é o que gera transformação. Manter os resultados da empresa e preservar a imagem dela tem um preço. Embora fazer o que é melhor para o negócio possa parecer frio, é uma necessidade, porém não justifica desrespeitar o colaborador. Valorize essa trajetória; afinal, se ele foi contratado, havia uma razão.

Ainda assim, não saia ileso desse processo. Reflita onde você pode ter falhado. Na contratação? No *onboarding*? Esse profissional teve o apoio necessário para se desenvolver bem? A liderança estava preparada para lidar com a situação? Não jogue toda a responsabilidade no colaborador. Faça a sua lição de casa e aprenda com cada desligamento.

Decidir quem fica e quem segue novos caminhos é, acima de tudo, um ato de responsabilidade e coragem. É também entender que liderar não é apenas construir times, mas também ter sabedoria para reconhecer quando um ciclo se encerra e fazer isso com respeito e dignidade.

Cada decisão difícil, tomada com consciência e humanidade, molda o futuro da empresa, bem como o líder que você está se tornando, porque decidir bem sobre pessoas é, no fundo, decidir o legado que você quer deixar.

10

LIDERANÇA CONSCIENTE PARA EQUILIBRAR RAZÃO E EMOÇÃO E TRANSFORMAR PESSOAS E NEGÓCIOS

Se decidir bem sobre pessoas é essencial para proteger a cultura e os resultados, tornar-se um gestor de talentos é o nível seguinte para sustentar essa evolução, porque não basta escolher quem fica e quem segue: é preciso desenvolver quem permanece e, sobretudo, fazer essas pessoas crescerem com o negócio.

Quando o líder vira gestor de talentos, o que muda? As conversas ficam mais francas, promoções ganham critério, conflitos diminuem, a retenção melhora e os resultados deixam de oscilar. O time para de apagar incêndio e volta a construir resultados significativos.

É o gestor de talentos que transforma a decisão de manter um profissional em uma jornada contínua de desenvolvimento, engajamento e geração de valor, tanto para a pessoa quanto para a empresa. Ele entende que a retenção de talentos não acontece por inércia, e sim pela construção diária de propósito, reconhecimento e desafios consistentes. Manter alguém na equipe é apenas o ponto de partida, pois o verdadeiro trabalho começa no que você faz com quem fica.

Antes de ser um gestor de talentos, é preciso ser um líder consciente. A liderança consciente é, sem dúvida, o melhor RH que uma empresa pode ter. Mais do que delegar funções ou cobrar entregas, liderar com consciência é enxergar as pessoas como o ativo mais estratégico do negócio e agir com essa clareza todos os dias.

A conexão entre liderança consciente e sustentabilidade do negócio é direta. Empresas não são feitas apenas de produtos, processos ou tecnologia, são feitas de gente; e é a qualidade das relações humanas que define a verdadeira força de uma organização no mercado.

Uma liderança consciente constrói times mais engajados, culturas mais sólidas e resultados mais consistentes, e esse processo exige proximidade real com o time. Proximidade para ouvir de verdade, perceber movimentos sutis, identificar oportunidades de desenvolvimento e agir com rapidez diante de desalinhamentos.

VOCÊ ESTÁ LIDERANDO PARA O AGORA

Ter consciência do valor das pessoas é o primeiro passo. O segundo, e mais decisivo, é agir para isso todos os dias: construir, desenvolver, apoiar, corrigir e, quando necessário, encerrar ciclos de maneira digna e estratégica.

A liderança consciente não pode se limitar à reflexão; ela precisa se traduzir em ações consistentes que protejam a cultura, estimulem a evolução e assegurem que cada pessoa esteja no lugar onde pode gerar e receber valor.

A consciência, sem prática, gera estagnação. A consciência, em movimento, gera transformação. E é nesse movimento diário que a verdadeira liderança se revela. É aqui que o papel do gestor de talentos ganha força. O gestor de talentos reconhece quem tem potencial e cria as condições para que esse potencial se transforme em resultado; ele entende que a motivação verdadeira não se sustenta em bônus, eventos ou frases de efeito, e sim na combinação entre propósito, desafios, desenvolvimento e reconhecimento.

E mais: um gestor de talentos precisa cultivar a proximidade genuína com a equipe – não para controlar, e sim para compreender. É na escuta ativa, na atenção diária e na presença real que surgem as melhores oportunidades de impulsionar pessoas e prevenir crises de desempenho ou engajamento.

Gerir talentos é uma prática estratégica para garantir que as pessoas estejam no lugar certo, fazendo o que sabem fazer de melhor; é remover obstáculos que impedem o crescimento; e desafiar, apoiar e acompanhar, sem perder de vista o propósito maior da organização.

Em outras palavras: a liderança consciente é o estado de mentalidade, e o gestor de talentos é quem transforma essa mentalidade em ação.

É essa visão de futuro que diferencia as organizações que apenas reagem daquelas que constroem uma trajetória com consistência. Porque liderança consciente e gestão de talentos só se completam quando estão a serviço de um objetivo maior: a construção de negócios resilientes.

DECISÕES HUMANAS ESTRATÉGICAS CONSTROEM NEGÓCIOS MAIS RESILIENTES

Fazer escolhas humanas estratégicas é uma estratégia de longo prazo. Negócios resilientes não se constroem apenas com boas ideias ou produtos inovadores, mas principalmente com as pessoas certas, bem-desenvolvidas e bem-posicionadas ao longo do tempo.

Cada decisão sobre pessoas – sobre quem contratar, quem desenvolver, quem reposicionar e quem deixar ir – desenha o tipo de cultura, força e inteligência coletiva que sustentará o negócio diante dos desafios inevitáveis do mercado.

A visão de longo prazo exige coragem para fazer escolhas que nem sempre agradam no curto prazo, mas que protegem a consistência e o futuro da organização. Empresas que prosperam são aquelas que entendem que a gestão de talentos é uma gestão de futuro e que, para que essa construção aconteça de maneira genuína, o papel do empresário vai além da gestão operacional: ele precisa ser o líder que inspira, influencia e dá direção ao negócio.

EMPRESÁRIOS PODEM SER LÍDERES QUE INSPIRAM E INFLUENCIAM O NEGÓCIO

O empresário que deseja construir uma companhia sólida precisa ir além do papel de gestor de recursos e resultados, já que se tornar um líder inspirador é uma necessidade estratégica para transformar o negócio, dar direção ao time e sustentar o crescimento ao longo do tempo – muito mais do que uma escolha.

Ser um líder inspirador não significa ser o mais carismático, mas ser o mais coerente: entre discurso e prática; entre metas e valores; e entre o que pede e o que entrega como exemplo. Quando o empresário lidera com visão clara, princípios sólidos e presença ativa, ele inspira; e quando inspira, influencia de modo profundo – mais pela credibilidade da trajetória do que pela autoridade do cargo.

Empresas são o reflexo do nível de consciência dos líderes. Os negócios que se fortalecem ao longo do tempo são aqueles liderados por empresários que fazem mais do que administrar pessoas e as influenciam positivamente a crescer junto.

Um exemplo concreto disso é Luiza Helena Trajano, do Magazine Luiza. Ela é um dos maiores exemplos contemporâneos de como um empresário pode se transformar em um líder inspirador, e não apenas dentro da própria empresa, mas para todo o mercado. Quando assumiu o comando do negócio, ela entendeu que, para transformá-lo, era preciso construir uma cultura centrada em pessoas, então investiu fortemente no desenvolvimento dos colaboradores, promoveu práticas de gestão participativa e criou um ambiente onde cada pessoa se sentisse parte do crescimento da empresa.

Com proximidade real com as equipes e coerência entre discurso e prática, Luiza Helena liderou o crescimento de uma rede regional para uma potência nacional de varejo e e-commerce. E essa transformação como líder não parou aí. Ela se lançou como uma referência pública de liderança humanizada e consciente, defendendo causas sociais, apoiando a inclusão, promovendo o protagonismo feminino e mostrando que resultados expressivos podem, e devem, caminhar junto da responsabilidade social. A atuação dela extrapolou os limites da empresa e inspirou líderes de diferentes setores a reverem modelos de gestão.

O que Luiza Helena ensina é claro: empresas sólidas são construídas por líderes que gerenciam processos ao mesmo tempo que inspiram pessoas e transformam o ambiente em que estão inseridos.

Se você estiver pensando: *Poxa, Iraci! Eu sou um pequeno empresário... como começo? Por onde começo?*. A resposta é simples: você começa pelo que está ao seu alcance hoje. Comece construindo proximidade real com o seu time e desenvolvendo as pessoas que já estão ao seu lado. Comece entendendo que, independentemente do tamanho do seu negócio, liderança consciente e gestão de talentos não são luxos, são a base para qualquer empresa que queira crescer de modo sustentável.

Você não precisa esperar ter centenas de funcionários para agir como um líder que inspira. Na verdade, é justamente nos pequenos times que a cultura se forma com mais força, e é a partir dessa base sólida que os grandes negócios se constroem.

Transformar a sua empresa é, antes de tudo, transformar a maneira como você decide, se comunica, lidera e impulsiona pessoas, e essa transformação também passa por um dos pontos mais delicados da liderança: saber quando estar presente nas decisões e quando confiar no protagonismo da equipe.

A construção de um negócio sólido exige, na mesma medida, boas intenções e equilíbrio para delegar com inteligência, envolver-se nas decisões críticas e estimular cada colaborador a assumir responsabilidade ativa pelo próprio crescimento e pelos resultados do time. Empresas resilientes não se constroem apenas com líderes fortes; constroem-se com equipes comprometidas e protagonistas.

Para manter o equilíbrio entre delegar e se envolver nas decisões críticas, assim como incentivar cada colaborador a ser protagonista do próprio crescimento, delegar é essencial. Ainda assim, há decisões que não podem ser simplesmente repassadas, especialmente aquelas que moldam a cultura, definem talentos-chave ou alteram o rumo estratégico da empresa. Essas decisões definitivamente não podem ser terceirizadas.

Líderes que constroem legados sabem onde precisam estar diretamente envolvidos: nas contratações que definem o DNA da equipe; nas movimentações internas estratégicas; e na construção dos valores vividos, e não apenas escritos. A maturidade da liderança está no equilíbrio entre confiar e acompanhar, entre dar autonomia e assegurar que as decisões críticas estejam alinhadas ao propósito maior da companhia.

A construção de uma empresa resiliente não depende apenas da liderança; ela depende também da capacidade de cultivar colaboradores protagonistas. Esse protagonismo acontece quando cada profissional entende que o próprio crescimento não é responsabilidade apenas da empresa; é responsabilidade dele também. E o papel do gestor de talentos é criar um ambiente que incentive esse protagonismo, desafiando as pessoas a saírem da zona de conforto, reforçando a importância do aprendizado contínuo e mostrando que as oportunidades existem e que o movimento para aproveitá-las é individual.

Empresas resilientes são compostas de líderes que inspiram e de equipes que assumem uma parte importante na construção do sucesso. E conquistar resultados consistentes exige mais do que esforço isolado; é necessário utilizar, de maneira inteligente, o recurso mais estratégico de uma empresa: pessoas!

As pessoas são os elementos que impulsionam, transformam e sustentam qualquer negócio. Para que esse recurso cumpra o verdadeiro potencial que tem, é preciso ter estratégia, consciência e direção.

Você não precisa esperar ter centenas de funcionários para agir como um líder que inspira.

O JOGO INVISÍVEL DAS DECISÕES
@IRACI_BOHRER

Se as pessoas são o recurso mais estratégico de uma empresa, deve-se saber como desenvolvê-las, direcioná-las e mantê-las conectadas ao propósito do negócio. Muitas organizações falham por falta de investimento em tecnologia, estrutura ou marketing, assim como, e principalmente, por subutilizar ou desperdiçar o potencial humano que já têm. E desperdício de talento é um dos custos invisíveis mais altos de qualquer empresa.

Para utilizar esse recurso de modo inteligente, é preciso seguir alguns princípios fundamentais.

1. **Colocar a pessoa certa no lugar certo**: o melhor desempenho acontece quando o talento encontra o contexto certo. Quando está mal alocado, mesmo um profissional talentoso pode ter resultados medianos. Garantir o alinhamento entre perfil, função e cultura é o primeiro passo para maximizar a performance.
2. **Fornecer direção clara e propósito**: pessoas motivadas são aquelas que sabem o que fazer – mais ainda: sabem por que estão fazendo. O gestor de talentos precisa garantir que cada colaborador compreenda como o próprio trabalho contribui para algo maior que ele mesmo.
3. **Criar ambiente de crescimento e desafio**: ambientes que estimulam o aprendizado contínuo, desafiam as pessoas a evoluir e reconhecem conquistas com autenticidade geram equipes mais engajadas e produtivas. Performance alta não nasce de cobrança vazia, e sim de estímulo inteligente.
4. **Valorizar a autonomia com responsabilidade**: dar autonomia significa dar espaço para que as pessoas tomem decisões dentro de um ambiente seguro e alinhado ao propósito da empresa. Autonomia sem direção gera dispersão, e autonomia com responsabilidade gera performance.

5. **Monitorar sinais antes que virem problemas:** o gestor de talentos eficaz não espera a crise chegar para agir; ele lê os sinais de queda de motivação, desalinhamento ou baixa performance enquanto ainda estão começando e intervém de maneira preventiva e estratégica.
6. **Contratar certo para construir o futuro:** o sucesso de uma empresa começa no momento da contratação. Contratar certo vai além de preencher uma vaga; engloba alinhar expectativas, cultura e visão de futuro, buscando profissionais que tenham competência técnica, comportamento e mentalidade compatíveis com o que o negócio deseja construir. Quando a escolha na entrada é feita com critério, o potencial de desenvolvimento, engajamento e resultados no longo prazo se multiplica.

Construir uma empresa forte é uma decisão diária e requer confiar no poder das pessoas certas nos lugares certos. Porque empresas são feitas de pessoas, e é pela força delas que os negócios crescem, prosperam e deixam um legado.

11

CONSTRUINDO HOJE A EMPRESA DO AMANHÃ: O LEGADO INVISÍVEL DE QUEM DECIDE BEM SOBRE PESSOAS

O que vai garantir a força das empresas no futuro são as boas estratégias ou tecnologias de ponta, alinhadas às decisões humanas tomadas hoje, com consciência e propósito. Quando líderes transformam decisões humanas em vantagem sustentável, criam algo que atravessa crises, mudanças de mercado e modismos passageiros. As pessoas certas, no lugar certo e com propósito claro, se tornam o motor das empresas que prosperam no tempo.

Agora que você entende o impacto de decidir bem sobre pessoas, a pergunta é simples: o que vai mudar na sua liderança a partir de amanhã? Não é preciso esperar grandes revoluções. A transformação começa no próximo diálogo, na próxima contratação, no próximo feedback honesto.

Você chegou até aqui. Percorreu do custo da rotatividade à Leitura do Invisível, do método às decisões difíceis, e escolheu amadurecer a sua liderança. Isso merece ser reconhecido. Toda atitude consciente e decisão alinhada ao que se quer construir começa a moldar o futuro da empresa. Decidir melhor não é uma promessa para o futuro distante, é um movimento que começa agora.

O legado de um líder não se restringe aos resultados que alcançou; também importam as pessoas que ele ajudou a crescer, a cultura que definiu e as transformações que impulsionou. Ser um gestor de talentos é ser um construtor de histórias que permanecem: histórias de equipes mais fortes, de empresas mais humanas, de conquistas sustentáveis e de relações que atravessam o tempo.

A partir de hoje, seja o empresário que entende que o verdadeiro crescimento não se impõe – é algo que se constrói. Seja o líder que inspira não pelo cargo, mas pela maneira como transforma talentos em potência real. O seu time precisa de você. O seu negócio precisa de você.

O futuro que você quer ver amanhã começa nas escolhas que você faz hoje, então construa hoje, com consciência, aquilo que você quer ver florescer amanhã.

E não há hora melhor para começar do que agora.